Chamanismo para principiantes

La guía definitiva para que los principiantes recorran el camino del chamán, el viaje chamánico y la elevación de consciencia

Índice

Introducción

El chamanismo no es solo una antigua tradición curativa, sino también una forma de vida. Ayuda a un practicante chamánico a conectarse con la naturaleza y toda la creación cósmica. Los rituales chamánicos tienen sus raíces en antiguas prácticas espirituales de tribus indígenas de todo el mundo. Aunque se conocen por diferentes nombres según el idioma de cada tribu, existe una asombrosa cantidad de similitudes entre varias culturas del mundo separadas por enormes diferencias geográficas.

Estas similitudes indican una fuerte conexión entre los humanos. Nos dice que independientemente de la cultura o tribu a la que pertenezcamos, todos buscamos las mismas respuestas. Las preguntas desconcertantes de la humanidad siguen siendo las mismas y nos conectan a todos en un mismo camino. Lo más importante es que, a medida que profundice en el chamanismo, notará una mejora significativa en su capacidad de elevar los niveles de conciencia.

¿Qué diferencia a este libro de todos los demás? Bueno, por un lado, está actualizado y está escrito en un lenguaje muy simple. Es un gran libro para principiantes, considerando que tiene todos los elementos del chamanismo explicados desde la perspectiva de un novato. No tendrá que pasar de un libro a otro, tratando de comprender los diversos conceptos del chamanismo, sino que encontrará todos los elementos necesarios para un principiante en estas páginas, todo en un solo libro.

Comencemos por comprender los términos comunes utilizados en el chamanismo que se repetirán a lo largo del libro.

Cosmos: se refiere a todo el universo que, según el chamanismo, se divide en tres mundos, el superior, el medio y el inferior. El mundo físico que experimenta la gente común es el aspecto ordinario del Mundo Medio.

Dos realidades: según el chamanismo, el estado ordinario de conciencia (EOC) puede acceder a los aspectos ordinarios del mundo. El estado de conciencia chamánico (ECC) es necesario para acceder a los aspectos extraordinarios del cosmos.

Espíritus: los espíritus son seres que viven en los tres mundos chamánicos. Son muy inteligentes y están dotados de habilidades y conocimientos asombrosos.

Ayudantes o guías espirituales: estos son los seres del mundo espiritual que ayudan y guían a los chamanes durante sus viajes chamánicos.

Viajes chamánicos: los chamanes, en un estado de conciencia chamánico (o estado alterado de conciencia), pueden emprender viajes utilizando una parte de su alma mientras su cuerpo físico permanece en el mundo físico. En un ECC, un chamán puede percibir espíritus y realidades no comunes.

Herramientas chamánicas: estas son herramientas esenciales utilizadas por los chamanes en su trabajo. Las herramientas más comunes son el tambor y el sonajero que se utilizan para inducir un estado alterado de conciencia. Algunos chamanes también usan piedras (cristales), objetos de madera y metal, plumas, etc.

Y finalmente, una de las creencias más importantes del chamanismo es que los humanos no son superiores a otras formas de vida. Todos estamos interconectados con otras formas de vida.

Algunos de nosotros tenemos el poder de hablar e interactuar con otras formas de vida, incluidas plantas, animales, pájaros, etc.

No vacile más. Avance y sumérjase directamente en el fascinante y maravilloso mundo del chamanismo. Las lecciones de este libro ayudarán a los principiantes a comprender de qué se trata el chamanismo y a vivir una vida chamánica para mejorar la autoconciencia, la conciencia elevada y un mayor desarrollo personal y espiritual.

Capítulo 1: ¿Cuál es el camino del chamán?

El chamanismo es una práctica religiosa antigua que involucra a un chamán, un practicante con poderes especiales para interactuar con los seres del mundo espiritual a través de estados alterados de conciencia logrados a través de experiencias religiosas extáticas o trances. Con frecuencia, los chamanes realizaban rituales para interactuar con los espíritus y permitirles ingresar al mundo físico para curar u otros fines.

Los académicos de varios ámbitos de aprendizaje, incluida la historia, la arqueología, la antropología, la filosofía, la psicología y la religión, están profundamente interesados en el concepto de chamanismo y sus variados usos. Se han realizado y se siguen realizando cientos de artículos académicos y estudios de investigación sobre el chamanismo.

Curiosamente, en el siglo XX, los occidentales que defienden los movimientos contraculturales han creado una nueva y moderna forma de chamanismo llamada neochamanismo que consiste en muchas prácticas mágicas y relacionadas con la religión influenciadas por sus religiones y culturas indígenas. El neochamanismo se refiere a nuevas formas de esta antigua práctica utilizada para curar y para experimentar visiones. El neochamanismo consiste en una colección ecléctica de prácticas ritualistas y sistemas de creencias basados en lograr estados alterados de conciencia para comunicarse y conectarse con el mundo de los espíritus.

El neochamanismo no es un sistema de creencias único y cohesionado. En cambio, es un término colectivo para múltiples actividades y filosofías principalmente arraigadas en la creencia de mundos espirituales. Gracias a las prácticas indiscriminadas de este tipo de personas, el término chamanismo es tratado con una desconfianza inmerecida y ha sufrido acusaciones y reacciones violentas con respecto a la apropiación cultural.

En este libro, nos centraremos en la introducción de importantes creencias chamánicas que han resistido la prueba del tiempo y han roto las barreras construidas, consciente o inconscientemente, por los seguidores del neochamanismo.

Las creencias del antiguo chamanismo, junto con los rituales y prácticas, están diseñados principalmente para que nos conectemos con la naturaleza y desarrollemos la conciencia de nosotros mismos. Ambos aspectos son elementos de crucial ayuda para el mundo humano moderno enredado y su sociedad acelerada.

Se cree que la palabra chamanismo deriva de "saman", una palabra manchú-tungú que significa "el que sabe". El manchu-tungú pertenece a un grupo de idiomas llamado "lenguas tunguses" y se habla en Manchuria y Siberia oriental. Según otra versión, la palabra puede tener su origen en la palabra "saman" del Evenki (otro idioma tungú).

En la actualidad, muchas de estas lenguas están al borde de la extinción. La frase tungú está registrada en las memorias de Avvakum, un clérigo ruso exiliado. El término ha sido adoptado por los rusos que interactuaron con las tribus indígenas siberianas.

El chamanismo se introdujo en Europa occidental en el siglo XVII. En 1692, Nicolaes Witsen, un viajero holandés, publicó un libro titulado "Noord en Oost Tataryen" basado en sus experiencias con las tribus indígenas de habla tungú en Siberia. Luego, en 1968, Adam Branch, un comerciante alemán, publicó un libro que describe su relato de una embajada rusa en China. Ese mismo año, una traducción al inglés de este libro introdujo el chamanismo en el mundo de habla inglesa.

¿Cuál es la definición de chamanismo? Los antropólogos definen el chamanismo de varias formas. No existe una única definición que pueda abarcar todo lo que representa este fascinante tema. Una posible definición es la siguiente: "*Un chamán es aquel que puede conectarse con el mundo espiritual mientras se encuentra en un estado alterado de conciencia*".

Otra definición es la misma que la anterior, excepto que el chamán se pondría en contacto con el mundo de los espíritus solo a instancias de otra persona. Una tercera definición intenta diferenciar a un chamán de los especialistas mágico-religiosos como hechiceros, médiums, profetas, curanderos espirituales, etc. Esta definición de diferenciación afirma que un chamán usa técnicas únicas que los otros pseudopracticantes no conocen ni usan. Podemos decir que los chamanes son aquellos que tienen acceso e influencian en el mundo espiritual y practican la adivinación y la curación a través de rituales que inducen al trance.

Para finalizar esta sección, puede ser útil recordar la definición de chamán descrita por Christina Pratt en su libro "Una enciclopedia del chamanismo". Según esta definición, un chamán ha dominado tres elementos, a saber:

- Cómo lograr estados alterados de conciencia.

- Cómo actuar como mediador entre los mundos físico y espiritual para ser útil a la comunidad.

- Para satisfacer las necesidades de un médico, psiquiatra y líderes religiosos de la tribu.

-

Historia del chamanismo

El chamanismo se ha asociado históricamente con sociedades tribales e indígenas que creían en el poder de un chamán para conectarse con el mundo espiritual. Los chamanes han estado usando este poder para realizar milagros para las personas en el mundo de los vivos para curar a los enfermos, resolver los problemas dejados por los muertos e incluso escoltar las almas de los muertos al más allá.

Según muchas etnografías históricas registradas, los chamanes eran hombres, mujeres, transgénero y de todas las edades a partir de la adolescencia. La ideología del chamanismo se ha practicado y se sigue practicando ampliamente en muchas partes del mundo, incluidas Asia, Europa, América del Norte y del Sur, el Tíbet y África. Como se ve en los párrafos anteriores, el concepto subyacente era la creencia en fenómenos sobrenaturales como el mundo de los demonios, dioses, espíritus y seres de otro mundo con el poder de hacer el bien a los humanos.

La mayoría de los expertos están de acuerdo en que es probable que el chamanismo se haya originado entre los cazadores-recolectores de tiempos prehistóricos y persistió dentro de ciertas tribus agrícolas y de pastoreo después del crecimiento y expansión de la agricultura. Historiadores, antropólogos y otros expertos coinciden en que el concepto principal se originó entre las tribus indígenas siberianas que recolectaban un hongo altamente psicoactivo (a veces incluso venenoso), Amanita muscaria.

Desafortunadamente, los chamanes han sido el objetivo de muchos poderes sociales y políticos que han tratado de suprimir la práctica de rituales espirituales tradicionales basados en creencias antiguas, principalmente impulsados por diferentes opiniones y culturas. A pesar de estos ataques, muchas comunidades tribales han mantenido vivas sus tradiciones y ha habido un resurgimiento apoyado por una fe profunda en estos viejos sistemas de creencias probados y comprobados. Numerosas tribus se han levantado y luchado contra la represión de culturas que difieren de la suya. Están tratando de recuperar sus tradiciones dinámicas, independientemente de las creencias de los demás.

Curiosamente, algunos de los grupos tribales, sin saberlo, se han mantenido alejados de las influencias modernas porque están aislados de los efectos de los amenazadores impedimentos sociales, políticos y culturales. Por ejemplo, la tribu nómada tuvana (su población global es de apenas 3000 personas) ha sobrevivido al cruel ataque de la modernización y, a veces, a impedimentos estructurales deliberados. Tuvá es una de las tribus más aisladas de Rusia, donde el chamanismo se ha mantenido intacto y libre de las influencias de otras religiones.

La iniciación y el aprendizaje del chamanismo es puramente una cuestión de vocación personal. El llamado a convertirse en chamán puede venir a través de sueños o signos. Además, algunos chamanes heredan este poder de sus padres, abuelos, etc. Generalmente, el entrenamiento para convertirse en chamán lleva años, aunque el tiempo varía según la comunidad y los poderes del individuo en cuestión.

Kevin Turner, MA, un erudito y chamán que ha dedicado su vida al chamanismo, habla sobre un rito de iniciación por el que deben pasar todos los potenciales chamanes. Él llama a este rito de iniciación una "crisis de iniciación chamánica" e implica una crisis psicológica o una enfermedad física. Este elemento de "crisis inicial" juega un papel muy importante en la experiencia de llamada personal de un individuo.

El "curandero herido" es una referencia arquetípica al comienzo de un viaje chamánico. Esta enfermedad o crisis, particularmente importante para los jóvenes potenciales, involucra un estado en el que el individuo llega al borde de la muerte, lo que lo ayuda de estas formas:

- El chamán rompe la línea que separa el mundo de los vivos del mundo espiritual, cruza, se aventura al otro lado y trae información importante para el mundo humano.

- Un chamán debe enfermarse para comprender la enfermedad. Solo cuando un noviciado supere la enfermedad tendrá el poder de mantener la cura para curar los sufrimientos de los demás.

La mayoría de los chamanes reciben mensajes del mundo espiritual a través de signos, visiones o sueños. Algunos chamanes tienen guías espirituales que ayudan y guían los viajes del chamán al mundo espiritual. Se cree que algunos de los guías espirituales residen en el cuerpo del chamán, pero solo se puede acceder a algunos guías espirituales cuando el chamán está en trance.

Durante el trance, el guía espiritual energiza al chamán, dándole poder para entrar en el mundo de los espíritus y guiarlos a lo largo del viaje. Los chamanes regresan al mundo de la vida con las partes perdidas del alma de los enfermos, que ayudan a curar a las personas afectadas. Además, los chamanes tienen el poder de eliminar y limpiar las energías negativas que contaminan y confunden las almas de los que sufren.

Los chamanes también actúan como mediadores entre el mundo vivo y el espiritual. Con el poder de comunicarse con ambos reinos, ayudan a reducir los disturbios, resolver problemas pendientes y entregar obsequios y ofrendas del mundo viviente a los espíritus.

Simbolismo animal en el chamanismo

El chamanismo es a menudo sincrético con el animismo, que tiene sus raíces en sistemas de creencias en los que el mundo es el hogar de múltiples mundos y seres espirituales con el poder de ayudar u obstaculizar los esfuerzos de la humanidad. Se puede ver mucho simbolismo animal en el chamanismo. Cada tribu tenía un animal espiritual propio. Por ejemplo, para los Selkup, una tribu nativa del norte de Siberia, el animal espiritual era el pato de mar. Teniendo en cuenta que el pato de mar puede volar en el aire y sumergirse en el agua, los Selkup creen que pertenece a los mundos superior e inferior. Por la misma razón, las aves acuáticas se consideran animales espirituales para otras tribus siberianas.

El chamanismo cree que el mundo superior es el más allá, un mundo conectado con personas fallecidas. Las almas de los muertos pueden acceder al mundo superior a través de un portal en el cielo. El mundo inferior es el más allá de los animales y se puede acceder a él a través de un portal en la superficie de la tierra. Por tanto, muchos animales son tratados como espíritus animales.

Los deberes de los chamanes incluyen:

- Curar

- Liderar un sacrificio

- Narrar canciones y contar historias para preservar las tradiciones y la cultura

- Adivinación

- Guiar almas al más allá

Algunos chamanes pueden realizar todos estos deberes, pero no todos están bien versados en todas las funciones enumeradas anteriormente. Guiar las almas puede ser una actividad individual o grupal, dependiendo de la cultura de la tribu. Los chamanes pueden curar aflicciones tanto físicas como mentales. También realizan rituales de exhortación espiritual.

El chamanismo clásico, un término utilizado para referirse al chamanismo practicado en el norte de Asia en el siglo XIX, tiene principios y rasgos claramente definidos. Entre esas características cabe mencionar:

La comunidad interesada acepta que hay personas entre ellos con poderes especiales para comunicarse con el mundo trascendental. Estos individuos especiales pueden curar enfermedades físicas y mentales y realizar otras actividades extraordinarias más allá de la persona promedio.

Los chamanes tienen personalidades excéntricas y también son conocidos por sus rasgos mentales especiales, como ser muy intuitivos, volubles y sensibles. Además, los chamanes pueden tener un defecto físico, como un dedo del pie o un dedo extra, cojera y dientes extra.

Un chamán se convierte en chamán no solo por su llamado a la causa del chamanismo, sino también por el seguimiento persistente de seres sobrenaturales que desean convertir a los chamanes en individuos ordinarios. La mayoría de las veces, los potenciales chamanes obtienen su llamado durante la adolescencia, pero es probable que la mayoría se resista al llamado durante años.

El ser sobrenatural conectado con este chamán utiliza diversas formas de tortura como enfermedades físicas y mentales para romper la resistencia del candidato hasta que la persona no tenga más remedio que convertirse en chamán.

Algunos tipos de chamanes están entrenados para funciones y rituales especializados. Por ejemplo, entre los Nanai, una tribu tungú del Lejano Oriente de Rusia y el Este de Asia, solo un chamán aprobado con una formación distintiva puede ser un psicopompo (alguien que guía las almas al más allá). De manera similar, las tribus Selkup, Enet y Nenet tienen sus propios chamanes especializados para interacciones específicas con el mundo espiritual.

Un chamán siempre está acompañado por un asistente llamado chamán Oroqen (o el segundo espíritu). Este segundo chamán participa en los rituales chamánicos e interpreta las acciones y comportamientos del chamán primario, que estaría en trance, pero este segundo chamán (también llamado jardalanin) no está actuando como un chamán real, y no debe caer en un estado de trance.

Chamanismo y preservación ecológica

La tribu Tucano, un grupo indígena de América del Sur utiliza un sistema muy sofisticado para preservar su medio ambiente y ecología y evitar el agotamiento de los recursos debido a la caza excesiva. Mantener la caza excesiva bajo control y preservar el equilibrio de la naturaleza tiene sus raíces en creencias mitológicas. De acuerdo con estos sistemas de creencias, las personas que rompen las restricciones de caza pueden enfermarse gravemente.

Es fácil suponer que los chamanes probablemente hayan participado en sentar las bases de tal sistema al restringir activamente la pesca y la caza excesivas. Quizás, él o ella demostró poder para "liberar" las almas de los animales de su morada para causar enfermedades, cuyo miedo podría haber sido una forma de disuadir a las personas de caer en excesos. Enfoques similares impulsados por el chamanismo para equilibrar y preservar la naturaleza son adoptados por la tribu Piaroa (en la actual Venezuela), la tribu Inuit y otros.

La siguiente pregunta es: "¿Los chamanes ganan dinero? De ser el caso, ¿cómo? Si no, ¿por qué no?". Los chamanes obtienen su sustento mientras conducen y participan en los rituales cotidianos de la tribu a la que pertenecen. Proporcionan servicios de rituales y se les paga por ello. La creencia es que el pago pasa al espíritu servicial que fue útil para resolver el problema.

Los bienes y pagos recibidos por el espíritu se devuelven al chamán porque necesita usar las ganancias así recibidas para continuar con su trabajo regular, pero también es importante tener en cuenta que estos obsequios y el dinero recibido durante la realización de los rituales son solo ingresos adicionales. Muy a menudo, los chamanes llevan sus vidas como las demás tribus de su comunidad, como cazadores, agricultores, ganaderos, etc. Las mujeres chamanas también son amas de casa.

El camino de un chamán y los aspectos del chamanismo se resumen a continuación:

- Los espíritus y su mundo existen, y ambos juegan un papel importante en nuestra vida personal y social.

- Los chamanes tienen el poder de comunicarse e interactuar con el mundo espiritual.

- Hay espíritus buenos y malos.

- Los chamanes pueden curar enfermedades causadas por espíritus malignos.

- Los chamanes usan estados de trance para incitar visiones y emprender viajes al mundo de los espíritus. El espíritu del chamán entra en el mundo espiritual mientras el cuerpo físico parece estar en trance.

- Los chamanes utilizan la energía de los guías espirituales y el simbolismo animal para sus rituales.

Chamanismo contemporáneo

Al Dr. Michael Harner, profesor estadounidense de antropología, se le atribuye haber popularizado y establecido el chamanismo contemporáneo. Enseñó prácticas y rituales de curación chamánica a occidentales a principios de la década de 1970. Hasta entonces, el concepto no era muy conocido fuera del mundo académico.

Los chamanes de hoy en día son comúnmente llamados "practicantes chamánicos". Puede encontrarlos en toda Europa y Estados Unidos. Muchos deben su educación y aprendizaje del chamanismo al Dr. Michael Harner y su organización sin fines de lucro, Foundation for Shamanic Studies (FSS), que comenzó en 1985. Su famoso libro, "El camino del chamán", es un pionero en el chamanismo contemporáneo.

Ahora que comprende el chamanismo y los chamanes, podemos ver quién puede convertirse en chamán en el próximo capítulo.

Capítulo 2: ¿Quién puede recorrer el camino?

El chamanismo se practica en múltiples geografías en todo el mundo, incluidas muchas partes de Asia, Europa, América del Norte y del Sur, las regiones de Oceanía y África. El capítulo anterior presentaba detalles del chamanismo practicado por los nativos de Rusia y Siberia. Echemos un vistazo a las otras regiones y veamos cómo se elige y se entrena a un candidato a chamán.

Chamanismo en Japón: el chamanismo está profundamente arraigado en las antiguas religiones locales de Japón, a saber, el sintoísmo y el ainu, que también tienen sus raíces en el animismo. A principios de la Edad Media, las creencias japonesas comenzaron a estar influenciadas por el budismo y, desde entonces, se han producido muchas síntesis entre los dos sistemas de creencias y, hoy en día, prevalece una versión sincretizada del chamanismo, el sintoísmo y el budismo.

Chamanismo en China: China es una de las civilizaciones más antiguas del mundo. Incluso hoy, la tribu Hmong, que tiene una historia de 5000 años, continúa practicando su propia forma de chamanismo conocida como Ua Neeb.

La tarea principal de un chamán hmong es mantener la armonía y el equilibrio en la comunidad ayudando a las personas y las familias a encontrar el equilibrio y la armonía. Los chamanes hmong también realizan rituales impulsados por el trance para la armonía ambiental. Aproximadamente 200.000 hmong se reasentaron en Estados Unidos después de la guerra de Vietnam. Incluso hoy en día, el chamanismo es una gran parte de los colonos hmong en los EE. UU.

Las prácticas chamánicas del pueblo Hmong incluyen sacrificios de animales, que se llevan a cabo con mucho respeto y cuidado. Según las creencias Hmong, todo en este mundo tiene un alma (a veces, incluso varias almas). Todas las almas son tratadas por igual y son intercambiables. Una persona se enferma porque su alma se pierde o es capturada por un espíritu salvaje. La aprobación o permiso de un animal elegido (podría ser un cerdo, pollo, perro, cabra, etc.) debe curar a esa persona afligida.

El ritual consiste en cambiar el alma del animal por el alma de la persona afectada durante 12 meses. Al final de los 12 meses, el animal elegido es sacrificado con gran respeto, su alma enviada al mundo de los espíritus como se prometió. Se cree que las almas de los animales así sacrificados renacen como una forma superior de ser vivo. Tales almas también podrían convertirse en miembros de la familia de un dios para vivir una vida libre de sufrimiento. Por lo tanto, se cree que los animales que son elegidos para el sacrificio por los chamanes son criaturas honradas porque están al servicio de la humanidad y obtienen una vida mejor que ahora.

La enfermedad física también se cura con palabras sagradas llamadas "khawv koob".

Chamanismo en Malasia: algunas de las tribus indígenas de Malasia, incluidas las que viven en las regiones de Sabah y Sarawak, practican una forma de chamanismo, al que llaman pawang o bomoh. En la región de Sabah, el chamán principal se llama Bobohizan o Boboliano, el sumo sacerdote o sacerdotisa.

Chamanismo en Corea: el chamanismo todavía prevalece tanto en Corea del Norte como en Corea del Sur. En Corea del Sur, las chamanas se llaman mudangs y los chamanes masculinos se llaman baksu. Un individuo puede convertirse en chamán a través de un título hereditario o vocación personal y habilidades naturales. En los tiempos modernos, se consulta a los chamanes para resolver problemas económicos y matrimoniales.

Chamanismo en Filipinas: el chamanismo se practicaba en las Filipinas precoloniales entre muchas tribus. El nombre dado a los chamanes en esta región era Babaylans o balian o katalonan, y la mayoría de las veces, estos chamanes eran mujeres. Los chamanes de las islas Filipinas estaban especializados en aprovechar el poder de la naturaleza para la humanidad.

Los guías espirituales ayudaron a los babaylanos a contactar, comunicarse e interactuar con los espíritus y deidades del mundo espiritual. Las deidades del mundo espiritual se llamaban diwata o anito. Los chamanes eran principalmente médiums en los rituales de espiritismo. Diferentes tipos de chamanes se especializaron en diversas funciones, incluida la curación, la adivinación, la hechicería y la herboristería.

Los babaylanos eran muy respetados y estaban a la par con la clase noble de esa época. En ausencia del jefe de una tribu, un babaylán asumía el papel de jefe interino. Eran poderosos ejecutores de rituales y ritos necesarios para influir en la naturaleza, lo que incluye afectar el clima y aprovechar los diversos espíritus de la naturaleza.

Los babaylanos podían contrarrestar la magia oscura utilizada por los espíritus malignos. Además de curar a los enfermos, los babaylanos tenían el poder de garantizar un embarazo y parto seguros. Además, dirigieron todos los rituales relacionados con las ofrendas a varios dioses y diosas. Bien versados en hierbas, sabían cómo crear pociones curativas, remedios y antídotos usando semillas, raíces y hojas de plantas.

Estos rituales y ritos y la influencia de los babaylanos disminuyeron cuando el islam llegó a Filipinas y la mayoría de los grupos étnicos del país se convirtieron. Además, bajo el Imperio español, los babaylanos fueron calumniados como brujas malvadas y perseguidos sin piedad. Se quemaron numerosos símbolos, santuarios y materiales ritualísticos chamánicos.

Hoy en día, los chamanes de la sociedad filipina se llaman curanderos y en su mayoría son hombres. Algunas mujeres chamanas todavía son acusadas de brujería. Para los indígenas pertenecientes a las zonas que quedaron fuera de la influencia española e islámica, se sigue practicando el chamanismo, aunque de forma muy diluida.

Chamanismo en Mongolia - La obra literaria más antigua que se conserva en idioma mongol es "La historia secreta de los mongoles", escrita en el siglo XIII para la familia real mongol después de la muerte de Ghengis Khan. Este clásico explica a los chamanes masculinos y femeninos que trabajan como curanderos, exorcistas, adivinos, hacedores de lluvia e incluso funcionarios en la corte real de la sociedad mongol basada en clanes.

La jerarquía espiritual estaba dividida en niveles y era compleja. El grupo espiritual más elevado constaba de 99 tngri (o divinidades) y 77 natigai o *madres tierra*. El grupo de 99 tngri común a todos los clanes en Mongolia consistía en 55 tngri benévolos o blancos y 44 divinidades negras o aterradoras. Estos fueron convocados solo por grandes chamanes y líderes.

El siguiente nivel de espíritus eran tres grupos de espíritus ancestrales llamados espíritus-señores, espíritus protectores y espíritus guardianes. Los espíritus-señores eran almas de líderes muertos. Cualquier miembro del clan puede contactar a los espíritus-señores y pedir ayuda espiritual y física.

Los espíritus protectores consistían en las almas de grandes chamanes masculinos y femeninos que fueron llamados jigari y abjiya, respectivamente, en el idioma mongol. Los espíritus guardianes eran las almas de chamanes masculinos y femeninos más pequeños (boge e idugan, respectivamente). Estos estaban asociados con un vecindario, ubicación o formas geográficas específicas, como ríos y montañas, dentro del territorio de un clan en particular.

En la década de 1990, se le dio un enfoque moderno al chamanismo mongol, lo que resultó en una nueva forma de neochamanismo mongol. Durante este tiempo, hubo una proliferación de chamanes entre los mongoles buriatos que vivían en Rusia y Mongolia. Esta proliferación, combinada con el advenimiento del neochamanismo mongol, dio a los buriatos el ímpetu para luchar por el restablecimiento de sus raíces genéticas e históricas en la región.

Curiosamente, muchos chamanes mongoles de hoy han convertido las prácticas chamánicas en un negocio y tienen grandes oficinas en pueblos y ciudades, pero en estas oficinas también los chamanes realizan los servicios de curación, resolución de problemas físicos y mentales y adivinación. Las prácticas chamánicas continúan incluso en los tiempos modernos en la cultura mongol, aunque muchos chamanes han adoptado un enfoque cauteloso del neochamanismo.

Chamanismo en las regiones polares: las tribus y grupos esquimales ocupan una gran área que cubre el este de Siberia y atraviesa Alaska. Norte de Canadá y Groenlandia. Se han registrado prácticas y rituales chamánicos entre muchas de estas tribus que atraviesan fronteras continentales. Como ya sabe, los chamanes también son mediadores. El papel de los mediadores en los grupos esquimales es bien conocido y se cree que los mediadores tienen el poder de conectarse con el mundo espiritual.

Chamanismo en América del Norte: los nativos americanos no tenían un sistema religioso o creencia universal. Hay más de 550 tribus nativas americanas en los EE. UU. y más de 600 tribus de las Primeras Naciones en Canadá. Las tribus nativas americanas tenían cantantes, curanderos, guardianes del saber, místicos, adivinos, curanderos y otros deberes de chamán. Pero la palabra "chamán" nunca se usó para describirlos. Cada tribu describió a esas personas en su propio idioma.

Desafortunadamente, con la ocupación colonial de las Américas, la práctica de rituales religiosos y ceremonias sagradas se volvió ilegal hasta 1978, cuando se aprobó la Ley de Libertad Religiosa de los Indios Americanos, pero los indígenas americanos no olvidaron los rituales y ceremonias tradicionales. Simplemente pasaron a la clandestinidad y se practicaron en secreto hasta que se derogaron las leyes represivas. Los chamanes en América del Norte generalmente obtienen su posición y poder a través de una búsqueda personal, herencia, vocación espiritual o elecciones.

Chamanismo en África: también en el continente africano, cada tribu tenía su propio grupo de funcionarios de curación y adivinación. Por ejemplo, en Mali, los hechiceros Dogon, que pueden ser hombres o mujeres, se comunican con un espíritu llamado Amma. Se cree que Amma aconseja sobre las prácticas de adivinación y curación.

Chamanismo en América del Sur: el chamanismo en América del Sur prevalece principalmente en la región amazónica. Los chamanes aquí son similares a los jefes tribales en términos de poder y posición. Los chamanes de América del Sur están estrechamente relacionados con los jaguares. Se cree que los chamanes tienen el poder de transformar jaguares a voluntad. Los jaguares no se consideran animales reales, sino un chamán viviente transformado o el espíritu de un chamán muerto que viaja por el mundo físico.

Los chamanes en América del Sur dependen principalmente de la Ayahuasca para alcanzar el estado de trance. Hoy en día, el mundo científico sabe cómo funciona esta planta psicoactiva, pero sigue siendo un misterio cómo los antiguos chamanes sabían cómo y en qué proporción utilizar este elemento para inducir el perfecto estado de trance.

Además, se utilizan sonajeros en lugar de tambores para inducir un estado de trance. Se cree que la calabaza utilizada para el sonajero representa el universo, y las piedras o semillas en su interior significan las almas de los antepasados. La conexión entre el chamán y las almas dentro del sonajero ocurre a través del mango, que se ve como un camino o portal para conectarse con el cosmos.

La importancia de los rituales chamánicos

Una característica clave de los rituales chamánicos es que son ceremonias religiosas y representaciones artísticas, pero el punto a tener en cuenta es que el drama que rodea a los rituales no es para crear ningún espectáculo o llamar la atención indebida, sino para guiar a la comunidad en una ceremonia solemne.

Hay cuatro elementos en cualquier ceremonia chamánica, a saber, música, danza, poesía y drama mimético. Un chamán usa estos elementos externamente para manifestar y expresar su comunicación mística con el mundo espiritual para que el resto de la comunidad pueda verlo. Un verdadero chamán también puede comunicarse con el mundo espiritual a través de su espíritu guardián en cualquier momento y lugar. Estos rituales son una forma de demostrar su poder a la tribu para que todos en la comunidad también puedan participar y compartir la experiencia religiosa del chamán.

El chamán que dirige el ritual cambia su voz miméticamente para representar a los espíritus y seres divinos con los que se encuentra e interactúa en el viaje al mundo de los espíritus. Los chamanes practican la ventriloquia e incluso aprenden a imitar los sonidos de los animales y los elementos de la naturaleza para recrear una experiencia mágica para su audiencia. Los bailes, la música y las canciones hacen de la aventura espiritual una realidad viva para la gente de la tribu.

Aunque los trajes de los chamanes varían según las diferentes tribus, los accesorios comunes incluyen un tambor o pandereta, una gorra y un abrigo. Cambiar a formas de animales es un aspecto crucial de viajar al mundo de los espíritus, por lo que el abrigo y la gorra están decoradas con cabezas, plumas y pieles de animales elegidos.

La pandereta o tambor, que representa el universo, se utiliza para comunicarse con los espíritus incluso cuando el sonido permite al chamán alcanzar estados alterados de conciencia. El tambor también se divide en mitades iguales para representar los reinos inferiores y la tierra. Los objetos y símbolos naturales se agregan al instrumento para representar cuerpos celestes y fuerzas naturales.

El bienestar y la salud de toda la comunidad, incluidas las personas, las plantas, los animales y el medio ambiente circundante, son responsabilidad de un chamán. Viajan al mundo espiritual induciendo un estado de trance que resulta en transformaciones espirituales, emocionales e incluso físicas. Los chamanes logran este estado de trance a través de varios métodos dependiendo de las costumbres y tradiciones de la cultura y comunidad a la que pertenecen.

Los curanderos de las tribus nativas americanas logran el estado de trance utilizando técnicas de privación como el aislamiento y el ayuno. Los chamanes de América del Sur y Siberia usan intoxicantes y alucinógenos como peyote, alcohol, hongos y Ayahuasca (un té elaborado con una planta psicoactiva).

Roles de un chamán

Analizamos brevemente los roles en los que encaja un chamán. Veamos estos roles en detalle y veamos cómo se utilizan las funciones de cada rol.

Sanadores: los chamanes en su estado de trance curan a los enfermos entrando en el cuerpo de la persona enferma para enfrentarse al espíritu que causa la enfermedad. Destierran el espíritu infeccioso y dan lugar a la curación. Además, a veces, curan una parte del alma de la persona afectada y la reparan. Y los chamanes conocen las hierbas y la vida vegetal en su área, lo que les permite usar remedios a base de hierbas para curar enfermedades.

Mediadores: como mediadores, los chamanes se comunican con el mundo espiritual e intercambian mensajes entre los reinos físico y espiritual. Además, sus habilidades de mediación y negociación son útiles para resolver diferencias entre los miembros comunes de la tribu y las entidades religiosas. En ciertas tribus, los chamanes desempeñan papel como adivinos y lectores de manos.

Funciones misceláneas: los chamanes de las tribus siberianas tienen un gran poder y control sobre los espíritus. Pueden evitar que los espíritus causen daño a las personas de su comunidad. A veces, los chamanes sirven como médiums para los espíritus que quieren comunicarse con la gente en el ámbito físico.

Cualesquiera que sean sus funciones específicas, la función principal de un chamán es mantener la armonía en la comunidad. Son cuidadores de la cultura tradicional de su comunidad. Sus años de experiencia en el trato con personas y espíritus los convierten en candidatos ideales para consejeros y asesores.

La siguiente pregunta lógica es: "¿Puede una persona común y corriente en el mundo moderno convertirse en chamán?". Ahora que el chamanismo está resurgiendo, esta pregunta es válida y necesita atención. Los sabios chamanes de antaño creían y aceptaban que el mundo material es una manifestación de reinos de energías sutiles, y ciertas personas con ciertas habilidades pueden acceder a estas capas de energía sutiles.

||| En un artículo de Marlene Dobkin de Rios, Ph.D., publicado en el American Journal of Public Health en 2002, ella dice que practicar rituales chamánicos puede ser útil para desarrollar su poder, para hacer cambios positivos de comportamiento, los cuales pueden ayudar a enfrentar problemas emocionales, psicológicos y físicos, pero es importante señalar que no existe una sola institución aprobada que entrene o registre a los practicantes y curanderos chamánicos.

Entonces, la gente común como tú y yo podemos recorrer el camino del chamanismo aprovechando el poder de la intuición y la autoconciencia. A medida que recorra el camino, notará un crecimiento lento pero seguro en su desarrollo personal y en sus habilidades instintivas. Con acceso a este poder personal mejorado, puede construir una relación armoniosa con el mundo que lo rodea, incluso mejorará significativamente la conciencia de sí mismo.

En el próximo capítulo, puede aprender varios consejos y trucos para realizar un viaje chamánico personal y aprovechar sus beneficios.

Capítulo 3: Construir una vida chamánica

Construir una forma de vida chamánica está en sus propias manos. Con la mentalidad correcta, siguiendo diligentemente las rutinas diarias y algunos cambios en sus hábitos diarios, puede ver lo sagrado y la belleza en lo mundano. Vayamos de inmediato al trabajo de viaje.

Entonces, ¿qué son los viajes en el mundo del chamanismo? La tarea más importante de un chamán es emprender viajes al mundo de los espíritus. Viajar es una de las herramientas más comunes y esenciales que usa un chamán. Lo mejor de los viajes del chamanismo es que se pueden realizar conjunto a cualquier sistema de creencias. No necesitaría renunciar a su fe actual para emprender el trabajo de viaje del chamanismo.

Los tambores juegan un papel importante en los viajes. El ritmo monótono del tambor impacta las ondas theta en su cerebro, lo que altera la percepción de la realidad, por lo que entra en un estado de trance.

Viajar es teóricamente sencillo, pero aprenderlo y dominarlo es un desafío. Será un desafío para los novatos. El truco está en la práctica diligente y persistente. Cuanto más practique, más irá descubriendo.

Para comenzar, presentaremos algunos consejos, y luego profundizaremos. Para comenzar, necesitará estos elementos:

- Un lugar y un momento serenos donde poder recostarse cómodamente.

- Un paño o una manta para cerrar los ojos.

- El sonido de un tambor. Puede utilizar cualquier pista de batería disponible gratuitamente en Internet.

Entrar en un estado alterado es algo difícil de lograr. Y una vez que alcances ese estado, ser molestado en medio de tu viaje romperá tu trance y te dejará sintiéndote desorientado. Por lo tanto, es fundamental tener cuidado de no ser molestado durante su viaje chamánico. Por ejemplo, si tiene mascotas, asegúrese de que estén fuera del lugar elegido.

El tamborileo suele ser muy monótono. La monotonía del ritmo de los tambores debe ser tal que no se involucre con su mente consciente. Si deja que su mente consciente se concentre en la música, entonces su mente subconsciente no podrá aventurarse en el mundo espiritual.

Otra razón importante para que la percusión sea monótona es que será efectiva para la llamada de regreso, en la cual debe haber un cambio claro de ritmo para traerlo de regreso al mundo físico. El ritmo para el regreso debe pasar de un ritmo monótono a una detención completa. Luego, hay cuatro conjuntos de siete tiempos, y luego una serie de ritmos de batería inconexos. La duración completa del regreso dura entre uno y dos minutos, tiempo suficiente para que regrese del mundo espiritual al mundo físico. Aquí hay algunos consejos que debe seguir cuando regrese:

- Primero, es probable que se sienta un poco desorientado. La mejor manera de superar este sentimiento es moviendo los dedos de los pies y las manos, lamiéndose los labios y realizando gestos y actividades simples que lo ayudarán a volver a involucrarse con el mundo físico.

• Dese palmaditas en todo el cuerpo y asegúrese de sentirse plenamente consciente de lo que lo rodea.

• Si todavía se siente un poco mareado o desorientado, diga su nombre en voz alta tres o cuatro veces. Escuchar el sonido de su nombre lo ayudará a volver al mundo real.

• Cada vez que emprenda un viaje y regrese, registre sus experiencias y todos los detalles que pueda recordar.

Ahora que tiene una idea general de lo que puede suceder en un viaje chamánico, vayamos a los detalles de algunos elementos importantes.

Encontrar su lugar de anclaje

Encontrar su lugar de anclaje es el primer paso que debe dar en su camino hacia la construcción de una vida chamánica. Entonces, ¿qué es un lugar de anclaje? Es el lugar de inicio de su viaje. Es un lugar seguro en el que se siente cómodo y familiarizado. Necesitará este punto de anclaje durante su viaje. Cuanto más profundas y complejas se vuelven sus prácticas chamánicas, más importante se vuelve su punto de anclaje. El lugar de anclaje es un viaje por el Mundo Medio. Los Tres Mundos Chamánicos se discutirán más adelante.

El punto de anclaje es donde comienzan todos sus viajes chamánicos, al menos en los primeros días de aprendizaje. Muchos chamanes experimentados usan su lugar de anclaje incluso después de años de práctica. Este lugar es lo que imaginará cuando comience a sonar el tambor. Esta imagen refleja un lugar sereno donde se siente seguro.

La elección de un lugar de anclaje es algo totalmente personal. Podría ser uno de los parques favoritos de su vecindario. Podría ser su patio trasero o jardín donde disfruta pasar tiempo con sus plantas. Podría ser su playa favorita donde huele el aire fresco y escucha las olas golpeando las rocas y el maullido de las gaviotas mientras vuelan sobre las interminables aguas azules del océano.

El truco consiste en comprometerse profundamente con su mente e imaginación para que esta imagen o punto de anclaje se incruste profundamente en su psique. Cuando el tambor comienza a sonar, inmediatamente ve este lugar en la naturaleza desde donde puede comenzar su viaje. Cuando comience su primer viaje, no piense en el viaje. Solo concéntrese en el punto de anclaje.

Observe a su alrededor. ¿Qué ve? ¿Arboles? ¿Prados? ¿Puede detectar algún rasgo característico de la imagen? Gire los ojos y el cuerpo a su alrededor y mire en todas las direcciones desde ese punto. Camine unos pasos en cada dirección y tome notas mentales de lo que ve, oye y siente.

Su lugar de anclaje se convertirá en la puerta de entrada al mundo espiritual, por lo que debe pasar tiempo en los primeros días de la iniciación en el lugar de anclaje y convertirlo en parte de su mundo espiritual.

Meditación para encontrar su lugar de anclaje: emprender viajes chamánicos, incluido encontrar su lugar de anclaje, requiere mucha práctica, y hacerlo bien requerirá tiempo y esfuerzo. Si las visualizaciones impulsadas por la meditación son adecuadas para usted, entonces puede usar esta herramienta, que puede ser un gran puente para cubrir la distancia entre la meditación y el comienzo de su viaje chamánico.

Para el novato, la meditación es una práctica que implica el entrenamiento de la mente para inducir un cambio de conciencia. La meditación se puede hacer para beneficio propio o simplemente para identificar y reconocer la maravillosa experiencia de descubrir nuevos planos de conciencia. Mientras medita, concéntrese en el lugar de anclaje elegido y tome notas mentales de todos los detalles que perciba, incluidos los sonidos, los olores, visiones, etc. La meditación es una gran herramienta para reducir la dificultad de encontrar e identificar su punto de anclaje.

Encontrar sus animales de poder

Su animal de poder puede ser cualquier animal, ser u objeto natural que represente y simbolice un tipo específico de energía. Despertar y honrar el espíritu de su animal de poder liberará las energías místicas y espirituales en su vida como chamán. ¿Por qué un animal? Es posible que se pregunte esto. Siga leyendo para descubrir por qué los chamanes se conectan con animales de poder.

Nuestros antepasados observaron a los animales con atención. Observaron comportamientos, rasgos, hábitos de los animales y sus agudas habilidades para sobrevivir y desarrollarse en la naturaleza. Los antepasados chamanes hacían esto porque podían conectarse con todas las formas de vida, incluidos los animales, gracias a sus sentidos mejorados.

Estos sabios chamanes de antaño utilizaban la tradición mítica para contar y volver a contar sus observaciones de los animales espirituales mientras viajaban por el mundo espiritual. Estos chamanes notaron similitudes entre los animales terrestres y los animales espirituales, similitudes en rasgos y hábitos. No todos los animales de poder necesitan tener manifestaciones terrenales porque no están atados a la forma física.

Por lo tanto, cada chamán puede tener cualquier animal de poder, y tampoco es necesario que esté restringido por ningún número. Por ejemplo, en sus primeros días, podría usar un ciervo como animal de poder, pero a medida que profundiza en su viaje, su animal de poder podría transformarse en otra cosa, con o sin una manifestación terrenal. Además, recuerde que los animales de poder no son adorados. Los chamanes los utilizan como guía y aprovechan sus energías.

Su animal de poder compartirá mucha información con usted mientras emprende el viaje chamánico a través de sueños y visiones. Su animal de poder es algo a lo que aspira, incluso cuando intenta vivir de acuerdo con un código de honor establecido por él. La razón por la que las vidas humanas y animales están tan entrelazadas es que tenemos mucho que aprender unos de otros. Los animales llegan a nosotros por su propia cuenta porque tienen una lección que transmitir o quieren aprender algo de nosotros.

Los animales de poder buscan ofrecernos amor, comprensión, conocimiento y energía, elementos de gran utilidad en el camino de un viaje chamánico. Entonces, ¿cómo encuentra a su animal de poder? Le ofrecemos las siguientes recomendaciones:

Inicie el sonido de tambor y permita que su cuerpo se relaje en un lugar tranquilo y sin ruidos.

Establezca su intención, un paso crítico en cualquier trabajo relacionado con el espíritu. La mejor manera de hacerlo es diciendo en voz alta: "Estoy en mi viaje para encontrar mi animal de poder".

Cierre los ojos mientras su cuerpo se relaja y visualice su punto de anclaje. Este será su punto de entrada al mundo inferior para encontrar su animal de poder.

El portal que le permite entrar al mundo inferior podría ser una trinchera, un hueco en el tronco de un gran árbol, un cráter en la parte superior del tocón de un árbol, una cascada, una escalera o cualquier otra cosa que lo ayude a bajar al mundo inferior. Además, busque algo en el punto de entrada que pueda llevarlo por un ascensor o escalera.

Un consejo crucial en este momento es que el punto de entrada al mundo inferior no será muy cómodo, especialmente en los primeros días de su trabajo de viaje. Por ejemplo, será una tarea difícil para una persona promedio entrar en una trinchera y bajar, ¿verdad? Esta lógica es válida en el mundo de los espíritus, pero una vez que haya tomado una decisión, puede encajar en cualquier portal de su elección, independientemente de la aparente incomodidad.

No se deje abrumar por la dificultad y no se rinda. Es probable que los espíritus lo utilicen como una forma de poner a prueba su resistencia y determinación para convertirse en un chamán. La capacidad de superar su malestar y dolor será su regalo del mundo espiritual, una señal de que ha sido aceptado allí.

Cuando haya atravesado la entrada y haya conseguido entrar en el mundo de los espíritus, prepárese para aceptar lo que viene. La vista frente a usted podría ser un escenario maravilloso en las profundidades de un bosque verde y cubierto de maleza. Podría ser una playa con el sol poniente enviando rayos de la tarde de colores espléndidos a través del cielo. Podría ser un simple sendero flanqueado por árboles altos y oscuros o una espectacular cueva de cristales. Simplemente acepte lo que vea cuando ingrese y disfrute del paisaje.

Su próximo trabajo es esperar en esta entrada a que su animal de poder venga hacia usted. El chamanismo cree que todo lo que tenga que encontrarlo lo hará por su propia cuenta. Como chamanes, solo debemos ser pacientes y esperar a que nos sucedan cosas. El mundo inferior no es un lugar peligroso al que deba temer. Espere hasta que su animal de poder lo encuentre.

Entonces, ¿cómo sabe que vio a su animal de poder? Bueno, tradicionalmente, sugerimos que si ve un animal aparecer cuatro veces ante ti mientras espera en la entrada, entonces ese es su animal de poder, pero más importante, como chamán novato, sus poderes intuitivos serán lo suficientemente fuertes como para que pueda darse cuenta de cuál es su animal de poder.

Otra forma de buscar un animal de poder es preguntarle: "¿Eres mi animal de poder?". Muchos animales responden verbalmente, telepáticamente o incluso imitan sus respuestas a quienes los buscan. Y, curiosamente, algunos animales podrían incluso responder negativamente a su pregunta. No se decepcione. Todo lo que tiene que hacer es esperar hasta que aparezca su animal de poder.

Puede fallar en encontrar a su animal de poder en su primer viaje al mundo inferior. No se desanime. La mayoría de los chamanes no encuentran a su animal de poder en el primer viaje. Otro consejo importante es no poner su corazón en ningún animal o especie de animal en particular. Simplemente vacíe su mente y espere a que el adecuado lo encuentre.

Ningún animal de poder es más poderoso que otro. Cada animal tiene su conjunto de rasgos únicos y se asocia con usted porque necesita su poder y sus rasgos. Es probable que el animal que encuentre lo sorprenda. Un consejo importante en esta etapa es no aventurarse lejos de la entrada al mundo inferior sin su animal de poder. Aunque esta parte del mundo no es peligrosa, no es familiar para los principiantes y podría perderse.

Una vez que encuentre su animal de poder, podrá acceder libremente al mundo inferior. Solo recuerde permanecer cerca de su animal guía, ya que puede ser desafiado direccionalmente en un territorio desconocido. Además, cuando escuche la señal para volver, es posible que no encuentre el camino de regreso a la entrada. Pero no debe preocuparse porque su animal de poder lo ayudará a llegar a la puerta con suficiente tiempo.

Conocer las cuatro direcciones con la rueda medicinal

La rueda medicinal es una representación de las cuatro direcciones este, oeste, norte y sur, y ha sido utilizada durante siglos por diferentes tribus para diversos fines. Es un símbolo importante en el chamanismo y representa la relación armoniosa que existe entre todos los seres vivos de la Tierra. Las ruedas medicinales de todo el mundo emplean una variada gama de colores, símbolos y tótems de animales.

Las direcciones representadas por la rueda medicinal representan diferentes aspectos de los mundos humano y espiritual. Aquí hay un pequeño resumen para cada una de las cuatro direcciones y los elementos que representa:

- **Norte**: el norte representa la noche, el más allá, el elemento tierra y el aspecto espiritual de la vida humana. Los animales conectados con el norte son búfalos y animales celestiales.

- **Este**: esta dirección representa el amanecer, el nacimiento, el elemento aire y el estado mental del ser humano. La dirección este representa ciervos, halcones y águilas.

- **Sur**: la dirección sur representa el mediodía, la vida, el elemento fuego y el estado físico del ser humano. Los animales representados por el sur son coyotes, zorros y leones.

- **Oeste**: la dirección oeste representa el anochecer, la muerte, el elemento agua y el estado emocional del ser humano. Los animales conectados con la dirección occidental son el oso y el jaguar.

La rueda medicinal ha cambiado de forma varias veces para adaptarse a las necesidades de cada tribu. También ha pasado de ser una herramienta comunitaria para convertirse en una conexión personal para todos. Como sugiere su nombre, la rueda se ha adaptado, movido y encajado de formas útiles y productivas en el mundo del chamanismo, ayudando a los chamanes a curarse a sí mismos, a su comunidad y al mundo. El próximo capítulo trata sobre la rueda medicinal y las cuatro direcciones en el mundo del chamanismo.

Capítulo 4: La rueda medicinal y las cuatro direcciones

Estudiar la rueda medicinal es una especie de paradoja. Es simple pero complicado. Los factores que afectan la representación de las ruedas incluyen la ubicación geográfica, la cosmología, los chamanes y los sacerdotes que trabajan con ella y los conceptos de geometría sagrada. A medida que aumenta nuestro aprendizaje, también aumentan nuestras percepciones y comprensión de la rueda. Aprendemos y nos desarrollamos a medida que pasamos por las secciones de la rueda. El centro de esta fascinante rueda es el espíritu o el corazón puro o la verdad final. Todo se extiende desde el centro y, además, todo converge hacia el centro.

Cuando ve un diagrama o una foto de una rueda medicinal, es bidimensional, ¿verdad? Pero cuando los antepasados chamanes crearon la rueda, se aseguraron de que representara todos los aspectos de la naturaleza, el mundo humano y los elementos invisibles del universo. El ritmo de la vida sostiene a la rueda medicinal.

Los seres humanos han estado y siguen aprendiendo de la observación de la naturaleza. El principio fundamental del chamanismo es que el mundo y muchas cosas de la naturaleza forman un círculo. Por ejemplo, la tierra es un círculo. El tronco del árbol es un círculo, los nidos de pájaros suelen ser un círculo, las gotas de agua son circulares, las estaciones tienen un ciclo circular, etc. La mayor parte del mundo a su alrededor se expresa en patrones circulares.

La rueda medicinal demuestra que todo en este mundo está interconectado y, a su vez, todo está vinculado al centro cósmico. La rueda medicinal es una manifestación de nuestra energía espiritual y nuestro diálogo interno. Actúa como un espejo para ayudarnos a mejorar nuestra comprensión de lo que sucede dentro de nosotros. También es una rueda de protección, que nos permite reunir todas las energías circundantes en un punto focal para que podamos comunicarnos con el espíritu. Hablaremos con detalle de este fascinante y crucial aspecto del chamanismo en este capítulo.

Entender la rueda medicinal

Las ruedas medicinales también se conocen como aros y, como ya se mencionó, sus usos y propósitos son específicos de una cultura. Sin embargo, a pesar de esas diferencias, una similitud fundamental conecta todas las formas de la rueda medicinal. Representa el equilibrio armonioso y la interacción e interconexión fluida de nuestras realidades espirituales, mentales, emocionales y físicas. También representa nuestra conexión con el mundo natural. A menudo llamado el círculo de la conciencia individual, la rueda medicinal nos proporciona a cada uno de nosotros el poder sobre nuestras propias vidas.

El Royal Alberta Museum describe una rueda medicinal con al menos dos de estas tres características:

- Un mojón central de piedra
- Uno o más círculos concéntricos
- Dos o más líneas que se extienden desde el centro

Alberta, Canadá, tiene casi el 66% de todas las ruedas medicinales del mundo. Es el lugar central para estudiar las ruedas medicinales. La antigüedad de las ruedas medicinales es un tema de debate. Algunos se remontan al 4000 a. C., al mismo tiempo que se construyeron las antiguas Pirámides de Egipto.

Pero los expertos han sugerido que la rueda medicinal Bighorn, que se cree que es la más antigua y la más grande existente, tiene millones de años. Curiosamente, las ruedas medicinales se llamaban originalmente "círculos sagrados". El nombre "rueda medicinal" fue acuñada a principios del siglo XX.

Las cuatro direcciones son nuestros consejeros y espíritus del mundo. Establecen el tiempo y el espacio en nuestro mundo. Las cuatro direcciones proporcionan un marco para que funcione la vida humana. Ellos gobiernan nuestros días y estaciones. La salida y la puesta del sol definen nuestros días y nos dan una forma de medir el tiempo. Las estaciones marcan nuestro calendario anual. Durante el invierno, los campos están inactivos, preparándose para el surgimiento de una nueva vida en primavera. El verano es cuando los cultivos maduran, lo que nos permite cosecharlos durante el otoño.

También proporcionan un ancla fuerte para nuestro mundo. Cada dirección es una lección para cada etapa de nuestra vida. Cuando aprendemos y dominamos las lecciones de las cuatro direcciones, podemos dominar nuestras vidas. Todos los problemas y desafíos que enfrentamos están relacionados con una o más direcciones.

Normalmente, una rueda medicinal se divide en cuatro cuadrantes, uno para cada una de las cuatro direcciones. Miremos estas direcciones en detalle.

Norte

El norte es azul y representa el aire, las personas de piel blanca, la medianoche, las estrellas, la muerte, el invierno, los animales y la mente o el intelecto. La planta asociada con el norte es la hierba de búfalo. Representa el invierno y da una sensación de tristeza, problemas y dificultades. El invierno refleja una temporada de espera y supervivencia y una etapa de preparación para el resurgimiento de la vida durante la primavera.

Curiosamente, la palabra "cheroqui" para norte se traduce como frío. Los animales del norte son el alce, el búfalo blanco y el oso. Todos estos animales nos enseñan la paciencia, una virtud importante para la supervivencia.

Este

El este es rojo, representa el fuego, la gente de piel amarilla, el sol y la hora del amanecer. Representa la primavera y simboliza el éxito, el poder y la victoria. Como la primavera, que emerge con un renovado sentido de vida y vigor, el este representa crecimiento y desarrollo. Refleja el corazón o el aspecto emocional de las personas. Está conectado con los minerales del mismo modo que el norte está conectado con los animales. La planta que lo representa es el tabaco.

El rojo también simboliza la protección, que es la razón por la que se usaron cuentas rojas para invocar al espíritu rojo para la curación, el fortalecimiento de las relaciones amorosas y la longevidad. Los animales de la dirección este son aves en vuelo como el colibrí, el búho y el halcón. Los cánticos y las palabras sagradas ofrecidas a la dirección este ayudan al alma a remontarse y volar alto.

Enciende una vela para el este porque representa el elemento fuego. Es la dirección de nuevos comienzos, nueva vida, nacimientos, originalidad y creación. El sol naciente trae la alegría de un nuevo día y comienzo. Un don que puedes recibir del este es la visión. Al igual que el águila con su gran visión agudizada, el poder del este lo ayudará a ver su mundo y obtendrá conocimientos y poder de discernimiento. El este lo guía sobre cómo vivir el momento y estar presente ahora. Como la primavera, representa el este y la primavera de tu alma.

Sur

El sur es blanco y representa el agua y las personas de piel roja. Representa la luna, y la hora del día asociada con esta dirección es el mediodía. La dirección sur es nacimiento y verano. Está conectado con la vida vegetal, y la planta que representa esta dirección es el cedro. Además, la dirección sur representa el aspecto espiritual de los individuos.

El verano es una época de pasión, fertilidad, alegría, crecimiento y paz. Los animales de la dirección sur son el águila y el lobo. El águila representa la visión desarrollada o el poder de verlo todo. El lobo representa el orgullo asociado con la pertenencia a una comunidad o tribu.

Oeste

El oeste es negro y representa la tierra y las personas de piel negra. La hora del día representada por la dirección oeste es el anochecer. Se trata de la madurez y la temporada de otoño. El otoño representa la última cosecha al final de un ciclo. De la misma forma, la dirección oeste representa el final del ciclo estival. El oeste está asociado con el aspecto físico de la vida y está conectado con la vida humana. La planta que representa es la salvia.

Los animales de oeste son el castor y la serpiente. El castor es un animal que se prepara para pasar el duro invierno. La serpiente nos recuerda que debemos estar listos para la transformación, ya que ellas mudan su vieja piel para dejar crecer una nueva.

Entonces, las cuatro direcciones representan el corazón, la mente, el cuerpo y el alma, los cuatro elementos cruciales de la vida humana. Cuando estos cuatro elementos se equilibran armoniosamente, la vida se convierte en una experiencia alegre y saludable. Además de las cuatro direcciones cardinales, hay tres más importantes, a saber:

- Arriba - Padre Cielo
- Abajo - Madre Tierra

- Centro - El Creador

La ceremonia de las cuatro direcciones

Esta ceremonia es una invocación a los espíritus de las cuatro direcciones. Los chamanes del Perú lo usan para buscar las bendiciones de los espíritus antes del inicio de actividades importantes. A nivel personal, usted también puede utilizar esta ceremonia para buscar las bendiciones de los espíritus para que lo ayuden en sus actividades. Antes de comenzar sus ceremonias chamánicas, debe encontrar su verdadero norte.

Encontrar su verdadero norte es un aspecto esencial para conocer y comprender el poder de las direcciones cardinales. Este poder le ayuda a entender su posición con las cuatro direcciones. Este conocimiento es necesario para conectarse con el espíritu y los mundos naturales. Casi todas las culturas antiguas del mundo estaban sintonizadas y alineadas con las estrellas y el ciclo de las estaciones, lo que les ayudó a orientarse si se perdían. Podían utilizar sus poderosos instintos para identificar su ubicación, gracias a la práctica repetida y al contacto constante con la naturaleza.

Siga buscando el verdadero norte donde quiera que esté. Establezca recordatorios para localizar el norte verdadero con una brújula durante todo el día. Podría verlo al amanecer, al mediodía y al atardecer. Una vez que haya identificado el norte verdadero, párese mirando en esa dirección y observe el ángulo de los rayos del sol y otros puntos importantes (como la longitud de la sombra de los puntos de referencia en esa área). Tome notas mentales de estas observaciones. Este conocimiento será una gran guía para ayudarlo a orientarse sin la ayuda de una brújula.

Así es como puede realizar esta ceremonia:

- Primero, abra un espacio sagrado. Puede crear un altar para cada dirección y colocarlos en un círculo. Respire hondo y suelte todos los pensamientos.

- Alinee la intención de su corazón hacia la ceremonia.

- Luego, mire en cada dirección e invoque a los espíritus difuminando, abanicando hojas de salvia, agitando un sonajero o soplando agua perfumada. Luego, diga estas oraciones en voz alta.

Para el sur, mire en dirección sur. Mantenga un brazo hacia arriba y la otra palma abierta para demostrar su disposición a recibir lo que se le dé. Repita este gesto para cada una de las cuatro direcciones.

Oración a los espíritus del sur

El sur es vulnerable, sensual y juguetón. Es la dirección de las emociones y es la mejor dirección para buscar ayuda cuando tiene problemas con la fe y la confianza. El sur puede enseñarle la importancia y el poder de la vulnerabilidad. Rezar a los espíritus del sur lo ayudará a explorar las emociones que rodean su vulnerabilidad, por lo que su mente está en alerta máxima, lista para abordar problemas potenciales antes de que creen un daño irreparable.

Además, el sur está a favor de la curación y la transformación. Como la serpiente que muda su vieja piel, aprenderá a deshacerse de ideas y pensamientos opresivos y debilitantes sobre usted mismo y encontrará el coraje para aceptarse.

Saludos a la Gran Serpiente del sur,

Los vientos y los espíritus del agua vivificante,

Sosténganme y protéjanme en el calor de su espiral,

Enséñenme a dejar ir las viejas costumbres,

Para hacer lugar a lo nuevo.

Muéstrenme el camino de la belleza para que pueda caminar en él.

Oración a los espíritus del oeste

Cuando reza al oeste, obtiene el poder de dejar de lado los pensamientos y perspectivas limitantes. La noche lo ayuda a superar el dolor del pasado para sentirse renacido al llegar la mañana. El oeste es como la cueva de un oso, oscuro y peligroso. Sin embargo, es donde enfrentamos solos nuestras limitaciones, miedos, adicciones y patrones para encontrar el coraje de deshacernos de ellos.

Saludos a la Madre Jaguar del oeste,

Los vientos y los espíritus de la tierra,

Enséñenme y quédense a mi lado mientras aprendo a enfrentar mis miedos,

Muéstrenme cómo transformar mi miedo en amor.

Muéstrenme la forma de vivir una vida perfecta y equilibrada,

No me dejen tener enemigos en mi vida.

Oración por los espíritus del norte

Si necesita una guía clara y articular conocimiento y sabiduría, entonces debe concentrarse en el norte. Es el plano mental y el hogar de los buscadores y maestros de la verdad. Si está en búsqueda de respuestas, el norte siempre se las otorgará. El invierno, la temporada del norte, es una época de dificultades. Es un período para reflexionar en silencio.

Saludos al Alce Real del norte,

Los vientos y los espíritus del aire,

Muéstrenme la paciencia para resistir y sobrevivir,

Enséñenme a esperar hasta que llegue mi hora.

Enséñenme a saludarlos con honor y respeto.

Oración a los espíritus del este

Al dirigirse hacia el este, salúdelo con respeto. Recuerde la imagen del sol naciente y los variados colores que cae sobre la Tierra. Pregunte humildemente qué dones y lecciones puede ofrecerle el este en este momento. Haga las preguntas necesarias. Solicite orientación y apoyo. Utilice la siguiente oración dedicada al este.

Saludos al águila del este, de gran visión y vuelo,

Los vientos y espíritus de fuego,

Muéstrenme cómo volar alto y a nuevos lugares,

Potencien las alas de mi espíritu,

Enseñen a los hombres a vivir con un corazón puro.

Cuando termine las oraciones en las cuatro direcciones, dirija su atención hacia la Tierra. Toque la tierra con una palma y sostenga la otra mirando hacia el cielo.

Saludos a ti, Madre Tierra,

Bendíceme con tus poderes curativos,

Muéstrame el camino de la sabiduría

Inculca en mí el poder de cuidarte para que las futuras generaciones de la humanidad

Continúen deleitándose con tu maravillosa belleza y abundancia.

A continuación, dirija su atención al cielo y con ambos brazos levantados hacia el cielo, diga la siguiente oración:

Para mi padre, el sol y mi madre, la luna y las estrellas deslumbrantes,

Llamados por mil nombres, llamo a tus espíritus,

Y al Espíritu Supremo,

Gracias por permitirme vivir mi vida.

Gracias por llevarme a los lugares donde necesito estar.

Cuando haya terminado con las oraciones de las cuatro direcciones junto con las tres sagradas adicionales, a saber, las estrellas (que es amarilla), la tierra (que es marrón) y el centro (que es verde), debe cerrar el espacio sagrado. El centro es el lugar del fuego sagrado o del yo, el centro de todos los caminos de la vida.

Establezca su intención de cerrar el espacio. Podría decir su intención en voz alta o en silencio en su mente. Agradezca a todos los animales y espíritus que ha llamado durante la ceremonia. Luego, libere lentamente las energías de regreso a las cuatro direcciones. Respire profundamente unas cuantas veces y reconozca gradualmente el mundo físico y el espacio en el que se encuentra. Observe cualquier cambio en su cuerpo, corazón y mente. Inspírese con lo que ha ganado con la ceremonia y el espacio sagrado que ha creado. Comparta esta alegría inspiradora con sus seres queridos.

Si bien puede utilizar la ceremonia y las oraciones mencionadas en este capítulo para buscar ayuda de los espíritus guías, a medida que se involucre en el proceso y con cada dirección, encontrará su propio camino, procesos y oraciones para realizar esta ceremonia. El chamanismo cree profundamente en los rituales, pero los rituales no son estáticos y no están sujetos a ninguna estructura rígida. Cambiar y actualizar continuamente sus procesos ritualísticos ayudará a mejorar y renovar sus poderes.

Más importante aún, los rituales deben ser creados por la persona que los practica. La repetición de palabras sagradas tomadas de textos y escrituras no tendrá el mismo poder cuando encuentre su forma única de interactuar y comunicarse con los espíritus. La frescura y originalidad de sus procesos son excelentes para construir una relación profunda con su Espíritu.

Capítulo 5: Los tres mundos chamánicos

Hay Tres Mundos Chamánicos, también llamados Cosmología. La palabra cosmología tiene sus raíces en la palabra griega "cosmos", que significa orden. La cosmología en el chamanismo está identificando el multiverso. El truco del concepto de chamanismo es que es difícil traducir las ideas espirituales en palabras.

Cosmología y chamanismo

En varias culturas de todo el mundo, la cosmología es un estudio del universo. La cosmología intenta dar herramientas para comprender el mundo. El estudio específico de los orígenes del universo se llama cosmogonía. El estudio de la estructura del universo se llama cosmología. Aprender estos dos temas puede ayudar a comprender nuestro lugar en este universo.

Según la cosmología del chamanismo, el sol obtuvo su tocado de fuego de los chamanes primordiales. Este tocado de fuego hizo que el sol iluminara el mundo. En el mundo del chamanismo, las aves son un aspecto transformado del divino Sol, por lo que los chamanes les dan mucha importancia a las aves. Son aliados de los chamanes y actúan como mediadores entre los reinos humanos y del más allá. Los chamanes que conocen el lenguaje de los pájaros están dotados de un gran poder.

Las creencias cosmológicas de otras culturas son:

- Según el cristianismo, un solo Dios creó el universo.

- Según el islam, un solo Dios llamado Alá creó el universo.

- Según el hinduismo, 330 millones de dioses y diosas viven en un universo más allá del espacio y el tiempo, como lo conocen los humanos.

La mayoría de las cosmologías tradicionales enseñan la importancia del círculo de la vida. Esto significa que todos los aspectos materiales e inmateriales del mundo no solo son iguales, sino que también están interconectados. Todo y todos son parte de esta naturaleza universal. Las culturas estaban asombradas por lo que veían en el mundo en el que vivían y lo veneraban y respetaban. Las prácticas y rituales chamánicos permiten a los chamanes acceder a los Mundos Superior e Inferior además del Mundo Medio, que es la Tierra en la que vivimos.

El chamanismo es una práctica extática, lo que significa que los chamanes tienen el poder y la capacidad de ir más allá del reino físico y humano. Estos vuelos hacia y desde los diferentes mundos se conocen por diferentes nombres, uno de los cuales ya está familiarizado, a saber, "viajes". Otra frase utilizada para referirse a estos vuelos entre los reinos es "viaje chamánico". El campo de la ciencia también lo llama por diferentes nombres.

Por ejemplo, los antropólogos se refieren a los viajes chamánicos como "vuelos del alma". Carl Jung lo llamó "una imaginación activa". Estos viajes chamánicos llevan a los chamanes al mundo inferior, al mundo superior, a mundos físicos paralelos y otras partes de nuestro mundo. Se necesita mucha práctica para saber y aceptar que estos viajes no son meras imaginaciones activas, sino que nos permiten viajar más allá de las limitaciones de nuestro cuerpo físico.

Los tres mundos descritos en cosmología son la Tierra, el Cielo y el Mundo Inferior. Los chamanes pueden viajar de un mundo cósmico a otro. Por ejemplo, un chamán puede viajar de la Tierra al Cielo y viceversa, de la Tierra al Mundo Inferior y viceversa, del Cielo al Mundo Inferior, etc.

Los chamanes emprenden estos viajes para descubrir misterios universales rompiendo los límites de varios planos de conciencia. El poder de comunicarse con otros mundos puede parecer ilógico para los no iniciados, pero es lógico porque la estructura del universo mismo está diseñada para esta comunicación interactiva entre los seres de varios planos.

Investigar los tres mundos chamánicos

En el chamanismo, los mundos espirituales que visitan los chamanes en sus viajes son de tres categorías, e incluyen:

- El Mundo Superior
- El Mundo Inferior o Inframundo
- Mundo Medio

Los chamanes viajan a través de los tres mundos, a menudo con sus animales de poder o guías espirituales, y utilizando un ritmo monótono y rítmico de un tambor o sonajero que los lleva a un estado de trance. Los chamanes usan una herramienta importante llamada Axis Mundi o Árbol del Mundo. El Axis Mundi es un árbol mítico que conecta los tres mundos. Los chamanes viajan a lo largo del tronco del Árbol del Mundo hacia los mundos superior e inferior.

Cada uno de los tres mundos tiene su propia vibración y atmósfera. A través de la práctica y la experiencia repetidas, un chamán aprende qué mundo es el más adecuado para visitar según su intención. Las diferentes intenciones exigen viajes a diferentes mundos. Para ilustrar este punto, suponga que un chamán necesita buscar consejo antes de comenzar un nuevo proyecto, luego viajará hacia un ayudante espiritual en el mundo superior. El chamán podría viajar al mundo inferior para encontrar respuestas a una pregunta diferente.

La mayoría de los chamanes viajan al mundo inferior para conectarse con animales de poder si necesitan curar a una persona enferma, pero otro chamán que busque una perspectiva diferente de la enfermedad podría viajar al mundo superior en busca de ayudantes espirituales. Como chamán, cuanto más prácticas y aprendes de tus viajes, más poderosa se vuelve tu intuición, lo que te ayudará a encontrar el mundo adecuado para encontrar soluciones a cualquier problema.

Las interacciones de un chamán con los tres mundos también juegan un papel importante en su elección del viaje. Los viajes que emprenden los chamanes a los tres mundos les ayudan a conocer mejor el paisaje y los seres espirituales. Veamos cada uno de los tres mundos en detalle.

El Mundo Inferior

Los chamanes descienden profundamente bajo tierra al Mundo Inferior Chamánico a través del Axis Mundi. El chamán entra en un largo pasillo o túnel a través de un portal o abertura en la superficie de la Tierra. Esta abertura podría ser un agujero para un animal, una pequeña hendidura en la base de un árbol, una pequeña cueva al final de una cascada o una escalera que se adentra en la Tierra. El elemento importante es que la apertura debe encontrarse en el mundo existente.

El chamanismo está profundamente conectado con la transformación y el poder. Los ayudantes espirituales suelen adoptar la forma de animales del inframundo. Estos animales se convierten en animales de poder de los chamanes, pero los ayudantes espirituales también toman la forma del viento, árboles, guías y curanderos. Aunque los ayudantes espirituales son animales conspicuamente, no hay restricción en la forma que pueden tomar. Pueden adaptarse y transformarse en cualquier forma para compartir su fuerza y poder con los chamanes.

Estos ayudantes espirituales son los elementos clave para formar una base sólida de las prácticas, rituales y viajes de un chamán. Llevan a sus chamanes a nuevos lugares del Mundo Inferior. Además, guían y aconsejan a los chamanes en su camino espiritual. Los chamanes viajan al Mundo Inferior para explorar los paisajes ilimitados allí y con fines de transformación y curación. El Mundo Inferior también ofrece poder y recursos para el trabajo de un chamán como sanador y practicante chamánico para su comunidad.

El Mundo Medio

El Mundo Medio Chamánico es el mismo que el mundo físico en el que vivimos, pero el Mundo Medio Chamánico incluye todas las dimensiones espirituales y aspectos del alma que no son fácilmente accesibles para los humanos comunes. Entonces, el Mundo Medio Chamánico va más allá del mundo físico real e incluye los reinos de los seres de la naturaleza, el pasado y el futuro de la Tierra y sus habitantes, y otros aspectos del alma de la naturaleza.

Los chamanes acceden al Mundo Medio para descubrir información específica sobre un evento o lugar en la tierra. Un chamán viaja al Mundo Medio para trabajar o buscar ayuda del alma de cierto ser, espíritu o incluso de un lugar natural. La mayoría de las experiencias rituales se basan en colaboraciones entre el chamán y las fuerzas del Mundo Medio.

El Mundo Superior

Ubicado muy por encima del reino terrenal, un chamán accede al Mundo Superior cuando viaja cada vez más alto en su estado de trance. Levantados o acompañados por sus animales de poder o ayudantes espirituales, los chamanes emprenden "el vuelo del espíritu". Vuelan al Mundo Superior empoderados por la fuerza impulsora del trance gracias al ritmo para acceder a los ayudantes espirituales del Mundo Superior.

Los chamanes pueden experimentar fácilmente la transición del Mundo Medio al Mundo Superior. A veces, la transición se ve como una fina membrana o velo que separa los dos mundos. A veces, los chamanes que pueden sentir las diferencias en las frecuencias de energía experimentan la transición como una alteración en la vibración.

Los mundos superior e inferior vibran a diferentes frecuencias. Además, los ayudantes espirituales de los dos mundos son diferentes en cómo ven las cosas y cómo ayudan a sus chamanes. Los ayudantes espirituales del Mundo Superior generalmente brindan una perspectiva o visión superior. Esta perspectiva ayuda a los chamanes a distanciarse de situaciones difíciles para que puedan encontrar la mejor solución a un problema. Además, los ayudantes espirituales del Mundo Superior pueden brindarle una perspectiva más amplia de las situaciones. Pueden ayudarle a descubrir aspectos nuevos y sutiles de su ser.

Entender el Axis Mundi

Como ya sabe, como chamán practicante, usted emprende viajes a los tres mundos chamánicos a través del Axis Mundi o el Árbol de la Vida chamánico. Este árbol es el eje central de los tres mundos y recorre todo el Cosmos Chamánico. Se accede al Mundo Inferior desde la base del Árbol de la Vida, y se accede al Mundo Superior desde su copa, por lo que el Mundo Medio está en el tronco.

Un chamán listo para viajar se concentrará primero en el Axis Mundi, el lugar donde reúne fuerzas antes de emprender el viaje. Aquí el chamán establece una intención clara y poderosa. Con la práctica continua, la ayuda y la guía de los animales de poder y los ayudantes espirituales, un chamán aprende a desarrollar una fuente de poder en expansión en la base del Axis Mundi. El chamán puede acceder y experimentar este poder durante todo el viaje.

Cuando el chamán está satisfecho con el poder acumulado, comienza el viaje chamánico a lo largo del tronco del Axis Mundi. El chamán puede viajar a los mundos inferior, medio y superior para reunirse y buscar ayuda de ayudantes espirituales y animales de poder.

Cuando los chamanes rara vez se identifican por herencia, excepto entre tribus donde estas costumbres aún prevalecen en el mundo moderno, la incursión de la mayoría de la gente en el mundo del chamanismo es a través de una vocación personal o una experiencia mística inexplicable. Estas experiencias místicas a menudo se refieren al alma de la persona y, a menudo, aparece un animal espiritual. Si ha tenido tal experiencia, entonces puede valer la pena llevar su vocación más allá y aprender sobre el chamanismo y ver si tiene el poder místico de un chamán inherente a usted.

Los practicantes chamánicos entran en un estado de trance llamado "estado de conciencia chamánico" ayudado por el monótono golpe de un tambor o sonajero. Entrar en este estado de trance ayuda a los chamanes a acceder a otros mundos. Este estado alterado puede variar desde un trance ligero hasta un trance profundo. Los chamanes con mucha experiencia pueden incluso tener experiencias extracorporales.

Los chamanes pueden interactuar directamente con los ayudantes espirituales benevolentes y otros seres de los tres mundos chamánicos no accesibles a hombres y mujeres comunes. Con la ayuda de ayudantes espirituales, los chamanes pueden diagnosticar y curar enfermedades. Además, pueden buscar ayuda y consejo de ayudantes espirituales en nombre de otros suplicantes.

El chamanismo no es una cuestión de fe para los chamanes y practicantes chamánicos. Una vez que se haya convertido en chamán y haya experimentado viajes e interacciones directas con los ayudantes espirituales de los tres mundos chamánicos, el chamanismo se volverá tan real para usted como el sol que sale por el este.

A medida que viaje a través de los tres mundos, descubrirá que la compasión, la unidad y la interconexión son las normas en estos reinos. Estas experiencias de éxtasis lo afectarán y afectará su personalidad. No solo eso, sino que también verá que la belleza y la magia del mundo y el universo en el que vive son más grandes de lo que imaginaba.

Capítulo 6: Meditación chamánica y sueños

La meditación es una de las herramientas más antigua y efectivas de volverse hacia adentro. La meditación se trata de entrenar su mente de maneras que ayuden a inducir un nuevo estado de conciencia. El chamanismo y la meditación están estrechamente interconectados. El chamanismo es tanto un viaje interior para alcanzar mundos espirituales sutiles como también un proceso de meditación. Los efectos de ambos pueden ayudarlo a mejorar su capacidad de concentración y enfoque.

Los sueños también son un aspecto importante del chamanismo. A menudo, el llamado personal para convertirse en chamán ocurre a través de los sueños y las visiones que se ven en los sueños. Este capítulo está dedicado a los dos elementos cruciales del chamanismo, a saber, la meditación y los sueños.

Meditaciones guiadas

Primero, sepa que, al meditar, usted no se convierte en una persona diferente. Es posible que ni siquiera se convierta en una mejor persona, especialmente en los primeros días. La meditación no es más que entrenar su mente para que sea más consciente de usted mismo, sus emociones y el mundo que lo rodea. La meditación tiene que ver con tener un sentido saludable de perspectiva en su vida. Aprende a observar todo sin juicios ni prejuicios. La práctica repetida eventualmente lo ayudará a entenderse a sí mismo, a las personas que lo rodean y al mundo en general de una mejor manera.

La meditación es una habilidad que se aprende. Cualquiera puede aprender a meditar y cosechar sus múltiples beneficios. La meditación es para la mente como el ejercicio físico es para los músculos. Cuanto más te ejercitas, más poderosos se vuelven tus músculos, ¿verdad? De la misma manera, cuanto más medite, más podrá controlar su mente.

Empezar a meditar por su cuenta puede ser todo un desafío. La forma más común de meditación que practican los principiantes se centra en la respiración. Otra cosa importante para recordar acerca de la meditación es que es difícil de perfeccionar. Mientras se concentra en su respiración, habrá numerosas ocasiones en las que su mente divagará y, a menudo, incluso se olvidará de volver a concentrarse en la respiración.

Se necesita mucho tiempo y esfuerzos constantes y persistentes para aprender y dominar las técnicas de meditación por su cuenta. Tener un maestro o guía puede ayudarle enormemente. Aquí es donde entran en escena las meditaciones guiadas. Puede grabar las siguientes notas de meditación guiada en su voz. Recuerde decir las palabras lenta y suavemente. Luego, reproduzca estas grabaciones y medite siguiendo las instrucciones.

Meditación para encontrar su punto de anclaje

Para reiterar la definición de lugar de anclaje, es el lugar donde los chamanes inician sus viajes. Puede encontrar su punto de anclaje utilizando la siguiente meditación guiada.

1. Cierre los ojos y acuéstese en un lugar tranquilo y sereno.

2. Respire profundamente un par de veces.

3. Cuente hasta cuatro mientras inhala (1, 2, 3, 4).

4. Sostenga por cuatro conteos (1, 2, 3, 4).

5. Cuente hasta cuatro mientras exhala (1, 2, 3, 4).

6. Sostenga por cuatro conteos (1, 2, 3, 4).

7. Repita esto 4 o 5 veces en su grabación para poder respirar profundamente durante su sesión de meditación.

8. Ahora, abra su tercer ojo o el ojo de la imaginación.

9. Ahora, visualice su lugar de anclaje respondiendo estas preguntas con su voz:

10. ¿Qué ve a su alrededor?

11. ¿Qué escenas le parecen encantadoras?

12. ¿Qué sonidos escucha?

13. ¿Ve a otros seres en su lugar de anclaje?

14. ¿Puede describir sus sentimientos?

Tome notas de las respuestas. Luego, grabe sus respuestas para que pueda reproducirlas cuando medite para encontrar su punto de anclaje. Cuando haya terminado, respire profundamente un par de veces, abra lentamente los ojos y acostumbre sus sentidos a su entorno físico.

Meditación para encontrar su animal de poder

Use la misma grabación que usó para encontrar su lugar de anclaje para comenzar también esta sesión. Inhale y exhale un par de veces hasta que su cuerpo y su mente estén completamente relajados y se sienta listo para emprender el viaje en búsqueda de su animal de poder. Luego, grabe este discurso para continuar.

Imagine una llama que emerge de una vela. Visualice sus pensamientos, ideas, opiniones, sentimientos, prejuicios, predisposiciones, expectativas y todo lo demás que pueda afectar al ritual. Cuando esté listo para realizar el viaje, la intensidad de la llama se irá reduciendo lentamente y finalmente se apagará por completo.

Todos sus pensamientos limitantes ahora se han ido con la llama. Respire hondo.

Ahora, imagine una escalera. Visualícela de la forma que desee. Puede ser estrecha, ancha, ornamentada, sencilla, recta, circular o de cualquier otra forma. Bajará por esta escalera hacia el mundo inferior. Cuente de 10 a 1 lentamente. Sienta cómo su cuerpo y su mente se relajan con cada paso que da hacia abajo. Sienta cómo se apaga su mente.

Llegará al final de la escalera a la cuenta de 1. Se encuentras frente a un hermoso pasillo hecho del vidrio más resplandeciente que jamás hayas visto. Los colores y diseños del pasillo lo hacen sentir feliz y relajado.

10, 9, 8... Se encuentra atraído más profundamente hacia el mundo inferior. ...7, 6, 5, 4, 3, 2, 1. Encuentra una puerta frente a usted. Coloque su mano en la manija de la puerta y gírela lentamente. Cuando se abra la puerta, se encontrará en una pequeña cueva subterránea con un suave fuego en el centro. Las paredes de la cueva están llenas de hermosos cristales que reflejan la luz del fuego.

Luego encuentra otra puerta al final de la cueva y camina hacia ella. Usted gira la manija y se encuentra en un hermoso jardín. Al cruzar el umbral, ve a un guardián parado a un lado. Pide permiso para entrar al hermoso jardín que tiene frente a usted. Si el guardián le permite entrar, cruza el umbral. De lo contrario, espere allí hasta que le permita entrar.

Cuando obtenga permiso para entrar, camine hacia el jardín y espere en la entrada a que su animal de poder venga hacia usted. Mientras espera, observe los alrededores y empápese de todo lo que ve. Registre sus respuestas a estas preguntas:

- ¿Qué tan grande es el jardín?

- ¿Qué tipo de árboles y plantas crecen allí?

- ¿Qué tipo de frutas y flores puede ver?

- ¿Qué más ofrece el jardín?

Cuando necesite regresar al mundo físico, vuelva sobre sus pasos hacia la cueva, el pasillo y el final de la escalera. Suba las escaleras y salga por el portal hacia su lugar de anclaje. Abra los ojos y sienta que el punto de anclaje desaparece frente al Mundo Medio.

Respire profundamente un par de veces. Sienta cómo su cuerpo y su mente regresan al mundo físico. Permita que sus pensamientos vuelvan a entrar en su mente. Abra lentamente los ojos. Permítase acostumbrarse al mundo real. Una vez que grabe este discurso con su propia voz, reprodúzcalo, medite y siga regresando al Mundo Inferior hasta que encuentre a su animal de poder.

Sueños y chamanismo

Interpretar y comprender los sueños son aspectos importantes de la vocación de un chamán. A menudo, la gente recibe el llamado de convertirse en chamán a través de los sueños, sueños recurrentes que simplemente no desaparecen y siguen apareciendo mientras duerme. Por lo tanto, debe aprender más sobre los sueños y cómo operan para poder aprovechar su poder.

Cómo recordar sus sueños: los sueños son extraños y la comunidad científica todavía está tratando de comprenderlos y comprender sus causas y efectos subyacentes. Recordamos algunos sueños mientras otros se pierden en el viento. Cuando recordamos los sueños, los visualizamos y parecen reales. Al momento del sueño, no cuestionamos la rareza del sueño y lo aceptamos como real.

Lo que pasa con los sueños es que cuanto más raros son, más difícil es recordarlos. Cuanto más extrañas y bizarras sean las imágenes de sus sueños, menor será su capacidad para recordarlas. Un elemento frustrante de los sueños es que, aunque no podemos recordarlos, los efectos de los sueños, especialmente los sentimientos y emociones molestas, permanecen atascados en nuestras mentes dejándonos preocupados y ansiosos sin razones subyacentes tangibles.

Entonces, el primer aspecto de aprender sobre los sueños es saber recordarlos. Aquí hay algunos consejos que le ayudarán a hacerlo.

La ciencia ha demostrado una correlación entre el estado mental de cuando nos despertamos y nuestro proceso de memoria, que involucra específicamente procesos neuroquímicos en nuestro cerebro. Cuando nuestros niveles de noradrenalina son altos, tendemos a olvidar nuestros sueños, por lo que si podemos controlar las actividades que aumentan el nivel de noradrenalina, entonces será más fácil recordar nuestros sueños.

El elemento que más aumenta los niveles de noradrenalina es el uso de un reloj despertador. Cuando suena la alarma por la mañana, hay un fuerte aumento en los niveles de noradrenalina, que es una reacción bioquímica de nuestro cuerpo. Otra razón importante para los niveles elevados de noradrenalina es la falta de sueño. Si tiene falta de sueño, tiende a quedarse dormido rápidamente, lo que significa que su cerebro no tiene la oportunidad de experimentar sueños y almacenar los detalles en su memoria.

Quedarse dormido también es un proceso bioquímico que tiene lugar en el cerebro. El cerebro se apaga lentamente mientras se duerme. Idealmente, apagar el cerebro toma alrededor de 15 a 20 minutos. Si tiene falta de sueño, se queda dormido en 15 minutos, sin dejar tiempo para que su cerebro almacene los sueños que tiene en su primera etapa de sueño REM (movimiento ocular rápido), que es cuando es más probable que ocurran los sueños. Aquí hay algunos consejos más para recordar mejor sus sueños.

Tenga un horario de sueño regular y constante: cuando usted es consistente con sus horas de dormir y despertar, entonces tiende a tener un horario de sueño saludable, por lo que su cerebro sabe cuándo comenzar el proceso de apagado, dejando suficiente tiempo para almacenar sus sueños en su memoria. Además, una hora fija para irse a la cama asegura que no se pierda el sueño, lo que significa que no se quedará dormido antes de que su cerebro complete su proceso de apagado. Además, aprenda a despertarse sin alarma.

Ambos consejos mejorarán significativamente su capacidad para recordar sus sueños.

Tenga un tiempo de "desconexión": dedique entre 15 y 20 minutos a meditar o relajarse antes de quedarse dormido. Este cierre permitirá que su cerebro capture y almacene los sueños hipnagógicos (el tiempo de transición entre la vigilia y el sueño).

No salte de la cama cuando se despierte: despierte cada mañana de manera lenta y constante. Podría intentar entrar y salir del sueño por unos minutos. Mientras entra y sale, trate de recordar sus sueños. Es un hábito que tomará tiempo. Pero una vez que lo domine, lo hará automáticamente cada mañana.

Establezca la intención de recordar sus sueños cada noche: antes de quedarse dormido, recuerde que desea recordar sus sueños. A medida que su intención se instala profundamente en su mente a través de recordatorios repetidos todas las noches, su mente subconsciente impulsará a su cerebro a recordar y almacenar sus sueños en su memoria. Si bien no existe un razonamiento científico para este indicador, pruébelo y notará que su capacidad para recordar mejorará mucho.

Beba tres vasos de agua antes de irse a dormir: la mayoría de las veces, su cuerpo lo despertará para ir al baño justo después de un ciclo REM. Este es el momento en que puede registrar rápidamente su sueño en su cerebro, que está más o menos alerta cuando va al baño.

No olvide escribir sus sueños por la mañana: cuando se despierte por la mañana lentamente después de permitir que su mente entre y salga del estado de sueño, comience a tomar notas de sus sueños. Escriba todo lo que pueda recordar de sus sueños. Inicialmente, puede ser algo desafiante, pero con la práctica persistente, puede recordar sus sueños de manera más rápida y completa.

Símbolos chamánicos que aparecen en los sueños

Los símbolos que se ven en los sueños y los viajes chamánicos pueden brindarle mucha información que lo ayudará en su camino de curación y crecimiento. Establecer la intención de interactuar con estos símbolos facilitará la comprensión de sus mensajes y el análisis e interpretación de sus significados. Aquí hay una historia interesante de un viaje chamánico que ayudó a una dama a comprender mejor los símbolos que aparecían en sus sueños al comunicarse con ellos.

Por ejemplo, una futura escritora se encontró con una cuchara de plata durante su viaje chamánico en busca de ayuda en su carrera de escritora, que no iba bien. La dama pensó que la cuchara de plata representaba a sus padres ricos pero algo distantes. Quería ignorar el símbolo porque pensaba que no quería enfrentar ese aspecto de su vida. Ella solo quería una solución para su carrera como escritora.

Pero ella cambió de opinión y se enfrentó a la cuchara de plata y le habló con dureza a través de su mente subconsciente. Ella dijo: "Puede que estés blanca y plateada en este momento. Pero perderás tu brillo cuando te encuentres con los elementos de la naturaleza". Para sorpresa de la dama, la cuchara bailó a su manera con un mensaje que ella pudo entender. Le dijo que había entendido bien el significado del símbolo.

Fue entonces cuando se le ocurrió que, aunque estaba separada de sus padres y su relación con ellos estaba desgastada por elementos externos, debajo de esa falta de brillo, el amor puro (como la plata blanca y pura) permanecía intacto. Cuando regresó de su viaje chamánico, una de las primeras cosas que hizo fue volver a conectarse con sus padres. Esto aclaró su corazón y su mente, y pudo escribir mejor, lo que, a su vez, mejoró su carrera.

Entonces, incluso si el símbolo que ve no parece alinearse con el propósito de ese viaje chamánico, debe profundizar y ver lo que el símbolo está tratando de transmitirle. Quizás, se resuelva un problema más profundo para que un problema actual se aborde de manera efectiva.

El truco para aprender de los símbolos que ve en su viaje o sueños chamánicos es establecer la intención de obtener información y aprender de lo que se le presente.

Descubriendo el camino del chamanismo a través de sus sueños

A menudo, los posibles chamanes tienen muchos niveles de sueños antes de comprender y emprender el camino del chamanismo. El candidato logra niveles crecientes de claridad a medida que avanza a través de las diversas etapas de los sueños. Este es un concepto muy interesante e intrigante de los sueños dentro del chamanismo.

Los chamanes que son expertos en el campo de los sueños se denominan chamanes de los sueños. Estas personas tienden a tener mucha experiencia y pueden saltar de un sueño a niveles más profundos del sueño. Así es como funciona el sueño en capas dentro del chamanismo.

Te vas a la cama y ves tu primer nivel de sueños ordinarios, que todos los seres humanos experimentan de forma rutinaria. Ahora, debe hablarse conscientemente a usted mismo dentro de su primer sueño y pedir que se duerma. Es entonces cuando tiene un segundo sueño, en un segundo nivel. Alcanzar este segundo nivel de sueño es esencial para el verdadero sueño chamánico.

Una vez más, conscientemente se dices a usted mismo en su segundo nivel de sueño que se vaya a dormir, para alcanzar su tercer nivel de sueño. En este nivel, podrá ver y experimentar cosas que son de otro mundo. El terreno es diferente. Los chamanes pueden hablar e interactuar con personas en el segundo y tercer nivel de ensueño. Pueden descubrir respuestas a preguntas.

De esta manera, es posible que los chamanes altamente experimentados y enseñados puedan entrar en niveles más profundos de sueño. No es una cosa fácil de hacer porque el alma sale del cuerpo y esto puede volverse muy peligroso. Las almas de los chamanes pueden perderse en esta experiencia de ensueño de varios niveles y recuperar estas almas requiere el poder de un especialista en chamanes de sueños. Para los principiantes, lo correcto es tomar la ayuda de chamanes de sueños experimentados y aprender su camino a través de las capas de los sueños, incluido cómo volver a su yo físico.

Por lo tanto, los sueños y la meditación son dos elementos vitales del chamanismo que debe aprender a dominar para convertirse en un chamán eficaz para conseguir ayuda y ayudar a las personas que lo rodean. Ambos elementos tienen que ver con volverse hacia adentro en su alma.

Capítulo 7: Accediendo al estado de conciencia chamánico

Entonces, ¿cómo logran los chamanes los estados alterados de conciencia llamados Estado de Conciencia Chamánico (ECC)? Para esto, usan diferentes técnicas, muchas de las cuales se discutirán en este capítulo.

Sin embargo, el chamanismo no es una religión. Es una práctica en la que puedes conectarte con seres de los mundos espirituales. Los chamanes son intermediarios entre el mundo espiritual invisible y el mundo físico en el que vivimos. Los rituales chamánicos involucran a practicantes chamánicos o chamanes que logran un estado alterado de conciencia o ECC para que puedan acceder a los mundos espirituales.

Entre las tribus que siguen al chamanismo desde hace siglos, un chamán es un individuo venerado. Casi siempre es un líder comunitario o un médico. Se cree que un chamán está dotado de sabiduría y conocimiento y tiene mucha influencia sobre los miembros de su tribu. El chamán también es responsable de resolver los problemas que afligen a su tribu.

El Dr. Michael Harner se refirió al estado alterado de un chamán como un "estado de conciencia chamánico". Los chamanes usan diferentes técnicas que incluyen hipoglucemia, estimulación del dolor, deshidratación impulsada por el ayuno e hipermortalidad forzada a través del baile o el movimiento del cuerpo durante períodos prolongados. También usan sonidos y música monótonos (discutidos en el próximo capítulo), cantos, reclusión, privación del sueño e ingestión de alucinógenos, principalmente ayahuasca.

Ceremonia de Ayahuasca

Las ceremonias de ayahuasca son realizadas principalmente por chamanes amazónicos. Los chamanes peruanos son conocidos como "Maestro", "Onaya", "Vegetalista", "Curandero" o "Ayahuasquero". Los chamanes de las comunidades Cofán de Colombia se llaman "Curacas" o "Taita". Aunque los rituales chamánicos y las ceremonias de curación varían mucho entre las diferentes tribus amazónicas, un hilo común los atraviesa a todos.

En todas las comunidades, las enfermedades físicas y mentales se ven como una falta de armonía no resuelta en los niveles de energía espiritual y sutil. Los rituales de curación abordan esta falta de armonía y tratan de restaurar el equilibrio energético y espiritual en el individuo afligido. Por lo tanto, la restauración del equilibrio es el propósito último de todos los rituales chamánicos.

En Perú, los chamanes llevan a cabo la ceremonia de la ayahuasca en las tradicionales carpas redondas llamadas Yurts. La sala donde se realiza el ritual se considera un espacio sagrado. No se permite calzado dentro del espacio sagrado. Las ceremonias siempre se llevan a cabo en grupos. Antes del inicio de la ceremonia real y antes de que se entregue la bebida medicinal, los miembros del grupo tienen un tiempo para compartir sus intenciones.

Tener una intención clara puede mejorar su experiencia. Con una clara intención, sabes y aceptas lo que quieres dejar ir a cambio de la ayuda del espíritu de la ayahuasca para guiarte y sanar.

Como es una ceremonia grupal, además de su proceso individual, también tendrá que considerar el proceso grupal. Por lo tanto, la energía del grupo debe mantenerse intacta y no debe romperse hasta el final de la ceremonia. Los miembros no deben interactuar entre sí durante la ceremonia, un elemento esencial de respeto por los procesos individuales y grupales. La ceremonia suele durar de 4 a 5 horas.

El chamán encabeza la ceremonia con cantos acompañados de instrumentos musicales y fumando tabaco sagrado conocido como humo Mapacho. A través de su experiencia, el chamán líder sabe qué funciona mejor para el grupo y los miembros individuales. El chamán también sabe cuál es la medicina adecuada que debe administrarse a cada miembro. Cuando el chamán sienta que el trabajo está terminado, cerrará la ceremonia.

Beber ayahuasca lo vuelve vulnerable, considerando que tiene propiedades psicoactivas. Por lo tanto, debe participar en ceremonias en las que confíe en las intenciones del chamán y se sientas seguro. Debe saber con certeza que la medicina y la ceremonia grupal pueden facilitar la transformación positiva dentro de usted.

Importancia de un chamán en la ceremonia de ayahuasca - Un chamán juega un papel muy importante en una ceremonia de ayahuasca, y sería peligroso participar en una sin un chamán entrenado y experimentado. El papel principal de un practicante chamánico es crear y mantener un espacio sagrado y seguro en el que todos los miembros del grupo permanezcan protegidos de las influencias hostiles del mundo espiritual.

El papel de un chamán no es un mero trabajo, sino parte del propósito de su vida. Los chamanes tradicionales son entrenados durante años por chamanes experimentados de la generación anterior. Durante el entrenamiento, se sienten impulsados a enfrentar y manejar sus miedos y oscuridad para no transmitir estos elementos desagradables a los suplicantes que acuden a ellos en busca de ayuda.

El chamán canta una canción específica llamada ícaros al comienzo de la ceremonia. Estos cantos son recibidos por el chamán directamente de las plantas. Los participantes pueden sentir fácilmente el poder de los ícaros incluso si no entienden el idioma. El chamán es el canal a través del cual los curanderos espirituales ayudan y curan a los enfermos.

Además, las necesidades de cada participante son diferentes, y un chamán experimentado adapta su destreza curativa para garantizar un beneficio óptimo para cada participante y para todo el grupo. Un chamán limpia el aura de energía de cada miembro del grupo, recibe poder curativo de los ayudantes espirituales y se lo transmite.

Un chamán construye un poderoso velo de protección de determinación y energía con el que literalmente puede "succionar todas las energías negativas" de todos los miembros participantes. Sin embargo, es importante mencionar aquí que, aunque una ceremonia de ayahuasca no se puede realizar sin un chamán experimentado y poderoso, el poder curativo real es el de la planta. El chamán es un recipiente protector que garantiza que todo el proceso se realice de forma segura y correcta.

Herramientas chamánicas esenciales y populares

Los chamanes necesitan y usan múltiples herramientas para los rituales chamánicos. Veamos algunos en esta sección.

Tambor: el ritmo monótono y rítmico del tambor de un chamán es como el latido del corazón de la tierra. Esta herramienta está profundamente arraigada en las prácticas chamánicas. Los chamanes usan el tambor para viajar al mundo espiritual y regresar al mundo físico con los poderes que ellos o sus suplicantes buscaban de los ayudantes espirituales.

Si bien el tambor y el sonajero son herramientas esenciales de la práctica chamánica, también son aliados de los chamanes practicantes. Tienen su propia alma y poder. Tradicionalmente, los chamanes usan tambores de mano como panderetas junto con una baqueta para tocarlos.

Entonces, ¿cómo elige un tambor? ¿Dónde encontrará un tambor? ¿Cuál es mejor para usted?". ¿Debe estar hecho de la piel de un animal en particular? ¿Está bien usar un tambor sintético? Todas estas preguntas se pueden responder con una frase: "el elemento más importante al elegir un tambor para su práctica chamánica es que el sonido que emana de él debe ser agradable para usted, debe poder bailar armoniosamente con su ritmo, usted y el tambor deberían poder trabajar en sincronía".

Puede trabajar con cualquier tambor si se cumplen las condiciones de la frase anterior. Los tambores sintéticos hechos en fábrica son menos costosos que los naturales hechos a mano. También tienen buen sonido y se pueden usar en cualquier lugar al aire libre, incluso cuando llueve o hay mucha humedad. Muchos están disponibles tanto en línea como en tiendas de música tradicionales. Lo crucial para recordar es que todo, según el chamanismo, tiene espíritu, incluso un tambor de plástico. Como chamán, debe aprender a respetarlo y, a cambio, el tambor lo ayudará.

Sonajeros: los sonajeros no solo ayudan al chamán a alcanzar el ECC, sino que también actúan como antenas eléctricas. En la mayoría de las tradiciones, los sonajeros y los tambores se utilizan juntos. En las tribus chamánicas de Siberia, están integrados al tambor o son parte de la baqueta. Los sonajeros son fáciles de manejar y transportar. No molestan a los vecinos, un elemento importante en el mundo moderno cuando tanto los creyentes como los no creyentes conviven. Se encuentran disponibles muchos buenos sonajeros bellamente tallados a precios económicos.

La razón por la que los sonajeros se llaman antenas de energía es que muchos chamanes, al llamar a sus ayudantes espirituales, sienten un poder magnético en sus manos cuando usan un sonajero. La intención es un aspecto crucial de cualquier ritual chamánico. Cuando los ayudantes espirituales escuchen la intención transmitida por el chamán, responderán. Y si un chamán sin saberlo se pierde tanto en la respuesta que pierde de vista la intención, entonces la nueva intención controla el ruido. En lugar de recibir ayuda de los ayudantes espirituales, el sonajero queda atrapado en un conflicto de poder entre el poder recibido de los ayudantes y la nueva intención. Se convierte en una batalla de poderes y el chamán puede sentir esta experiencia. Esta es la razón por la que los sonajeros se denominan antenas eléctricas.

Si bien los tambores y sonajeros producidos en masa están fácilmente disponibles y funcionan bien para las prácticas chamánicas, los tambores y sonajeros hechos a mano también son accesibles. Esto se debe a que un número cada vez mayor de artesanos está creando herramientas hechas a mano. Varios fabricantes dan clases para personas interesadas y le enseñarán cómo hacer su propio tambor o sonajero.

CD de percusión: a veces, usar un CD de percusión es una excelente manera de comenzar sus viajes chamánicos. Encontrar el tambor o sonajero adecuados, aprender a utilizarlos de forma eficaz y otros aspectos relacionados puede llevar tiempo y energía. Para aquellos que no pueden comprar o trabajar con baterías o sonajeros reales, los CD de batería son excelentes alternativas. Puede reproducir estos CD con sus auriculares encendidos o usar parlantes si está liderando un grupo en un ritual chamánico. Es imperativo tratar estos CD con el mismo respeto que le daría a los otros aliados con los que se asocia para ponerse en contacto con el mundo de los espíritus.

Bastón: en muchas culturas, especialmente en Escandinavia y sus alrededores, un bastón desempeña un papel igual de importante en los rituales chamánicos como los tambores y los sonajeros. El bastón, al igual que los sonajeros, actúa como antena eléctrica. Los chamanes lo toman en sus viajes y lo guardan mientras viajan a través de los tres mundos chamánicos.

El bastón funciona como pararrayos. Cuando el bastón encuentra cualquier cambio en la vibración o el poder de los espíritus, se calienta y cobra vida. Puede moverse como una serpiente en manos de un chamán. El bastón ayuda al chamán a concentrarse en la dirección del camino. También ayuda a mantener al chamán con los pies en la tierra.

Incienso: el humo del incienso quemado nos bendice y nos invoca espiritualmente. El incienso puede conectarse con nuestra alma y espíritu. Tocar el tambor, cantar, bailar y fumar incienso juntos pueden crear un ritual poderoso. Quemar incienso es un ritual sagrado diseñado para obtener acceso al poder de las plantas y a su alma.

Cuando se usa al comienzo de un ritual, el humo de incienso ayuda a definir el espacio sagrado para un ritual y abre su alma para la ceremonia. Además, el humo del incienso se usa para purificarse después de una ceremonia y purificar sus herramientas chamánicas. El propósito de limpiar o purificar usando humo de incienso es deshacerse de energías negativas, espíritus no deseados, etc.

Las hierbas que se utilizan como incienso son el cedro, el enebro, el ajenjo, la artemisia, la aspérula dulce, la hierba dulce, las plantas de la familia de la salvia, etc. Si bien puede comprar y usar incienso ya listo, también puede hacer su propio incienso usando las hojas de las plantas mencionadas anteriormente.

Capítulo 8: El poder del sonido

Este capítulo actúa como una extensión del anterior. Aquí, discutiremos los usos chamánicos de las oraciones, mantras, cantos, bailes e instrumentos para lograr un estado alterado de conciencia.

El uso del sonido, la música y el canto en el chamanismo

Cuando los idiomas todavía estaban en la etapa de evolución en las culturas antiguas, y específicamente en las culturas orales donde los sonidos jugaban un papel importante en la vida, la supervivencia estaba profundamente conectada con la naturaleza. En estas comunidades, los sonidos ayudaron a las personas a conectar sus sentimientos internos con el entorno natural. Los humanos a menudo creaban sonidos onomatopéyicos (imitaciones de los gritos de pájaros, animales y otros objetos naturales y formas de vida). Estas imitaciones también fueron absorbidas por la música chamánica.

Los chamanes usan sonidos para recrear un entorno imaginario en sus mentes que resulta en un espacio-tiempo sagrado y consagrado en el que realizan sus viajes chamánicos y se encuentran con animales de poder, guías espirituales y ayudantes. Los sonidos pasaban continuamente entre el mundo interior del viaje chamánico y el mundo exterior en el que se desarrollaba el ritual grupal que implicaba acciones, gestos y otras actividades.

En el chamanismo, los sonidos rituales eran más que simples sonidos. Formaron un sistema de sonido o un lenguaje simbólico que ayudó a los chamanes a comunicarse con sus mundos internos y externos. Sin embargo, el sistema de sonido chamánico era único en el sentido de que cada chamán creaba su propio lenguaje simbólico entendido solo por el creador y los entrenados por este chamán.

Los chamanes utilizaron una variedad de fuentes para crear sus sistemas de sonido. Cada tribu y/o chamán utilizó sus propios sistemas de sonido únicos. En el chamanismo siberiano, el uso de objetos metálicos era un elemento ritualístico importante. Los chamanes siberianos colocaban campanillas metálicas en sus trajes y mantos ritualísticos, en el interior de sus tambores y, a veces, incluso en las baquetas.

En consecuencia, se creaba un campo de sonido en continuo movimiento, que se escuchaba como un sonido único y complejo. Además, los chamanes utilizaban los efectos espaciales del sonido para realzar el fervor ritualista. Cantaban dentro del tambor creando la ilusión de que el sonido venía de algún otro lugar. En Mongolia y el sur de Tuva (ahora conocida como República Popular de Tuvá), un arpa de boca, conocida como "khomus", se usaba comúnmente para crear efectos de sonido en los rituales chamánicos.

Los sonidos también se utilizaban para preparar el espacio sagrado. Se utilizan tipos particulares de sonidos, especialmente el sonido de las campanas, incluso hoy en día para purificar lo sagrado antes del inicio de un ritual. La purificación es un aspecto vital de los rituales chamánicos, ya que implican la comunicación con los espíritus, una actividad potencialmente peligrosa. La purificación ayuda a mantener a raya las energías negativas y otros elementos contaminantes.

Los sonidos de campana también se utilizan para llamar y enviar espíritus desde y hacia el mundo de los espíritus. Los chamanes también imitan los sonidos de los animales y los pájaros para llamar a los espíritus. Los chamanes del pueblo Sami (una tribu indígena que habita en partes actuales del norte de Noruega, Finlandia, Suecia y la península de Kola) tienen un tipo particular de canto chamánico llamado "Joik", que trata de convocar espíritus. Sin embargo, existe una diferencia entre Joik y otras formas de convocar espíritus con sonidos. Joik consiste en cantar sobre los espíritus o sobre la representación de estos espíritus. El ritual se lleva a cabo con la premisa de que el espíritu está presente allí y todos están experimentando la presencia del espíritu.

Los sonidos también se utilizan para curar. El chamanismo cree en el poder curativo del sonido y la música. Los sonidos son un canal a través del cual la energía espiritual se transfiere del chamán al paciente. Entre la tribu Tuvá, curar a los enfermos utilizando los sonidos de un instrumento de cuerda hecho de la madera de los árboles alcanzados por un rayo es un tratamiento común.

Canción de chamán: la canción de un chamán es muy personal para el chamán. Narra la historia del chamán e incluye detalles como su lugar de nacimiento, linaje ancestral, detalles de iniciación, talentos y conexiones especiales con los espíritus del mundo espiritual. El chamán crea la letra y la melodía de las canciones, y esta canción sigue siendo su canción durante toda la carrera profesional del chamán. La canción de un chamán se puede comparar con un himno nacional personal.

La canción de un chamán se llama "algysh" en el idioma tuvano y se canta al comienzo del ritual. Va acompañada invariablemente de percusión. Como es obvio, el algysh sirve para el chamán como un recordatorio de su ascendencia, propósito e identidad, lo que ayuda a profundizar la intención del ritual. Además, proclama la posible visita del chamán a los espíritus.

La canción de un chamán se llama popularmente su "Canción de poder". Además de la información fáctica como ascendencia, lugar de nacimiento, poderes chamánicos, etc., su canción de poder expresa su naturaleza, individualidad y su verdadero yo. La mayoría de las culturas, como las naciones, tienen una canción de poder. Y cada chamán también tiene una canción de poder. Las canciones de poder se utilizan para preparar rituales y viajes, oraciones y curaciones, para protección y celebración, y más.

Las notas musicales y el poder de su voz como chamán juegan un papel muy importante en el establecimiento de intenciones y lograr que lo universal responda a sus intenciones. Aquí hay un pequeño ejercicio que muchos chamanes usan con el poder del sonido y las notas musicales.

La cuarta nota, Fa, es la nota más importante del chamanismo. Descubra esta nota en su voz. Puede usar un piano e intentar llegar a la aproximación más cercana en su voz mientras toca la nota Fa en el instrumento.

La nota musical del Fa representa la creación o manifestación. Entonces, si desea manifestar curación, puede enviar la intención al universo en la nota musical. Los espíritus sanadores resonarán con su sonido del Fa y se manifestarán a sí mismos y sus poderes para facilitar su intención de sanar. Además, el símbolo visual del universo es un cuadrado, que representa el poder de la vibración y el pensamiento que se manifiesta en material sólido y tangible. Por lo tanto, los chamanes combinan el poder de un cuadrado con el sonido vibratorio del Fa. Usted también puede hacer esto.

Encuentre un lugar tranquilo y sereno. Cierre los ojos e imagine un cuadrado. Entone la nota Fa y observe el cuadrado. Note la imagen que hay en él. Mantenga una fuerte voluntad e intención y ponga toda su energía emocional para crear su canción de poder. Cuanto más fuerte sea su voluntad, más poderosa será su vibración.

Además, cada nota en la escala musical representa un patrón de vibración único en el universo. Puede mezclar y combinar las notas, aunque es mejor mantener la entonación de Fa como nota central. La canción de poder personal es un aspecto importante de la curación chamánica. Puede crear letras usando palabras, letras o su propio idioma imaginario. Solo recuerde mantener la entonación básica como Fa, así la canción de poder tendrá la frecuencia vibratoria adecuada.

Las canciones de poder casi siempre se usan solo en ceremonias y rituales privados y rara vez se cantan en público. La única vez que se cantan canciones de poder en público es cuando un grupo de chamanes se dedica a la curación combinada. Y finalmente, recuerde que su canción de poder es su oración al universo.

Tambor de chamán

El tambor de un chamán típicamente tiene estas características:

- Es un tambor de marco de una sola cabeza.

- La mayoría de las veces, los objetos metálicos cuelgan de un travesaño de madera dentro del tambor.

- Se toca con una baqueta especial, que también podría ser el sonajero ritualístico.

El tambor siempre está hecho con materiales consagrados y está fabricado por un fabricante de tambores especializado. La madera para el tambor se toma de un árbol alcanzado por un rayo. La piel para el tambor se toma de un animal después de una cuidadosa consideración de varios elementos. La cabeza del tambor de un chamán suele estar decorada con gráficos que representan la división del cosmos en los mundos inferior, medio y superior. Un chamán más poderoso y experimentado que el que poseerá y usará el tambor lo "animará", lo que le dará propiedades espirituales al tambor.

Casi todos los rituales chamánicos comienzan con el golpe del tambor del chamán sobre el fuego. Esta actividad asegura que el tambor se sintonice con el tono requerido. Entonces, ¿por qué tocar un tambor juega un papel tan importante en el chamanismo? Se han utilizado múltiples teorías para explicar este fenómeno vital de los rituales chamánicos.

Una teoría particularmente popular se llama efecto psicoacústico. El tempo del tambor le permite al chamán lograr un estado de ondas cerebrales alineado con la frecuencia del golpe rítmico, lo que le permite al chamán alcanzar un estado alterado de conciencia. El tambor portátil de un chamán también es muy útil para los rituales chamánicos repletos de gestos y acciones.

El movimiento físico del golpe de tambor se convierte en una danza rítmica. Y el tempo del tambor no siempre es monótono o regular. Puede ralentizarse, acelerarse o cambiarse con acentos irregulares para alinearlo con la actuación de la danza. Un tambor ritual es tan personal para un chamán que en algunas culturas, la piel del tambor se corta después de su muerte, simbolizando también la muerte del tambor.

Cómo hacer su tambor y sonajero

Si bien puede comprar un tambor y un sonajero en línea y en tiendas físicas para su uso personal, también puede hacer los suyos en casa. Aquí hay un método simple para hacer un tambor de cualquier tamaño, desde una altura de un par de pulgadas hasta un tambor grande de pie. Necesitará estos materiales y herramientas para hacer el tambor:

- Cuero crudo o piel de un animal de su elección. Puede ser un ciervo, una cabra o cualquier otro animal de su elección. Puede usar la piel de su animal de poder si puede y desea. Asegúrese de que la piel tenga un grosor mínimo de 0,75 m 1,5 mm. También necesitará una tira de piel de animal para la parte del cordón.

- Un aro de madera: sería mejor que lo comprara en el mercado, considerando que es una tarea de carpintería compleja hacerlo por su cuenta. Asegúrese de que sea fuerte y tenga al menos 300 mm de diámetro y 50 mm de profundidad.

- Una baqueta.

- Agua para suavizar la piel o cueros crudos.

- Un par de herramientas para cortar y pelar, que incluyan un par de tijeras, un cuchillo y un cincel.

El primer paso es suavizar la piel del animal. Use un recipiente grande de agua fría. Coloque la piel en su interior, asegurándose de que esté completamente sumergida. La piel puede tardar unas horas o un par de días en suavizarse, según el cuero que esté usando.

Después de que la piel se haya vuelto suave y flexible, haga marcas en ella para que coincida con el tamaño del aro. Asegúrese de que el tamaño que marque se ajuste al marco y se pueda tirar y sostener cómodamente en la parte posterior del tambor.

Un punto clave a recordar es marcar en la cara interior, que tendrá cortes y partes raspadas, restos de los lugares donde se extrajo la piel del animal durante el proceso de desollado. La parte exterior de la piel, que parece cuero, será la parte visible, y las marcas le darán a tu tambor un aspecto desgarbado.

Corte la piel a lo largo de la marca que ha hecho y recuerde volver a ponerla en el agua porque necesita mantenerla suave y flexible para continuar con su trabajo. Puede usar la parte restante de la piel para ataduras.

A continuación, corte los agujeros en su parche para que pase el cordón. El corte de agujeros se hace mejor con un cincel y un martillo. Marque los agujeros correctamente antes de cortarlos. Ahora, pase el cordón a través de estos agujeros. Un punto vital a tener en cuenta aquí es que no puede detenerse en este punto hasta que haya terminado de pasar los cordones por el parche.

Cuando el parche esté listo, coloque el aro encima y ate los lados. Estire el cordón para asegurarse de que quede ajustado. Es como atarse los cordones de los zapatos: coloca el cordón correctamente y luego tira para apretarlo y mantenerlo en su lugar. Solo cuando cree suficiente tensión en esta etapa, el producto terminado dará un sonido potente y resonante. A continuación, es hora de arreglar los radios para unir el parche.

Cuando el tambor esté terminado, déjelo secar. Una vez que esté completamente seco, puede pintarlo como quiera. Puede usar una variedad de pinturas para hacer esto. También puede usar cuero suave para unir la cruz en la parte posterior del tambor, lo que le dará a su tambor un perfil atractivo y protegerá su mano de la dureza de la piel del animal.

Cómo hacer un sonajero: hacer un sonajero es más complejo que hacer un tambor. Primero debe cortar y dar forma a los cascos del sonajero con cuero crudo suave. Cuando estén listos, estos cascos de sonajero deben empaparse en un balde de agua hasta que estén flexibles. Después de esto, es hora de atar la cabeza del sonajero. Asegúrese de que el trabajo de los cordones esté completo antes de que la cabeza del sonajero se endurezca y no se pueda mover.

Ahora es el momento de llenar la cabeza del sonajero con arena. Empaquételo firmemente con un palito. Ate los dos extremos libres firmemente alrededor del cuello del sonajero de manera bien firme Deje el sonajero colgante boca abajo durante uno o dos días hasta que se seque.

Ahora, desate los extremos y vierta toda la arena. Llene la cabeza del sonajero con piedras pequeñas, maíz o cuentas, etc. Agítelo vigorosamente para asegurarse de que se elimine toda la arena restante junto con el maíz o las piedras pequeñas para vaciar la cabeza del sonajero.

Luego, ensamble el cabezal del sonajero llenándolo con el material que produce el sonido que desea. Coloque el palo en el cuello, que se convertirá en su mango. Agite el sonajero y vea si el sonido que escucha es el que desea. De lo contrario, agregue o retire el relleno o use cualquier otro relleno para obtener el sonido de su preferencia. Puede envolver el palo con cuero suave para darle a su sonajero un aspecto atractivo.

Como ve, puede crear su propio tambor y sonajero. Sí, es un procedimiento complejo. Para un principiante, podría tener sentido comprar estas herramientas chamánicas en el mercado. Sin embargo, a medida que avance en su papel chamánico, personalice su tambor y su sonajero, y luego podrá crear el suyo propio.

Capítulo 9: El viaje chamánico

Este capítulo está dedicado al aspecto más importante del chamanismo, a saber, los viajes chamánicos. Vayamos directo al grano.

Comprender su viaje chamánico

Los viajes chamánicos son el corazón del chamanismo. El método de usar los viajes es una de las principales diferencias entre los chamanes y otros místicos y curanderos. Los viajes son los que hacen de los chamanes viajeros cósmicos. Solo los chamanes pueden hacer que sus almas viajen a otros lugares cuando están en trance.

Según el chamanismo, una parte de nuestra alma puede dejar nuestros cuerpos y viajar a todas partes. El alma puede dejar nuestro cuerpo en varios momentos, incluso mientras sueña, para protegernos de un trauma, etc. Los chamanes aprenden a enviar intencionalmente sus almas en un viaje, que se llama viaje chamánico o vuelo del alma.

La muerte es una experiencia cuando toda nuestra alma abandona nuestro cuerpo. Las experiencias cercanas a la muerte enseñan a la persona afectada cómo viajar con el alma y regresar. Por lo tanto, en las antiguas tribus chamánicas, casi todos los chamanes fueron iniciados en el camino del chamanismo debido a una experiencia cercana a la muerte.

Durante un vuelo del alma, el alma que viaja abandona el cuerpo y puede viajar a cualquier aspecto espiritual del cosmos. Podría ir a lugares en la superficie de la tierra (Mundo Medio), adentrarse en la tierra (Mundo Inferior) o viajar a las regiones superiores (Mundo Superior). Algunas culturas tienen destinos predeterminados que los chamanes visitan durante sus viajes. Los mundos inferior, medio y superior son la forma más común de dividir el cosmos. Sin embargo, hay muchas más variedades de destinos disponibles para que los chamanes viajen, dependiendo de la comunidad a la que pertenecen.

En el chamanismo seguido por las comunidades antiguas, los viajes chamánicos comprenden tres etapas, que incluyen:

•Un período de purificación y preparación que potencialmente implica un período de ayuno, aislamiento y celibato. A menudo, un candidato potencial va al desierto viviendo solo durante este período de purificación y preparación.

•La siguiente etapa consiste en encontrar los animales de poder y los ayudantes espirituales que los ayudarán a viajar a través de los tres mundos. En esta etapa, los viajes chamánicos suelen estar restringidos a las entradas de los tres mundos.

•La última etapa es cuando el chamán se adentra en los mundos espirituales con la ayuda de sus ayudantes y guías.

El método principal utilizado por los chamanes para emprender viajes es lograr un estado alterado de conciencia. En este estado, una parte del alma del chamán abandona su cuerpo para viajar. El golpe lento y rítmico del tambor o el sonajero cambia el ritmo del chamán y le permite viajar. El ritmo de tambor funciona de manera similar a cómo una canción relajante calma los nervios tensos.

Como chamán, cuando escuchas el sonido rítmico del tambor, tu conciencia adquiere el estado adecuado para emprender viajes. La frecuencia del golpe de tambor se acerca a la frecuencia rítmica terrestre, que es un elemento vital para la efectividad de este método para lograr el estado alterado de conciencia.

Una vez que se produce el cambio de conciencia, comienza el viaje. El resto del viaje pasa por la intención del chamán. Como chamán, tu intención de emprender el viaje es el primer paso. El viaje progresará según su intención. Es difícil describir cómo sucede esto. Una analogía perfecta para este aspecto difícil de expresar con palabras es tratar de describir cómo caminas o corres. Usted da el primer paso, luego el segundo, el tercero, etc., siguen los pasos, ¿verdad? Sucede de forma natural. Un viaje chamánico se puede entender de manera similar. Se alcanza el estado alterado y el resto se lleva a cabo según la intención del viaje.

¿Por qué los chamanes emprenden viajes? Los viajes chamánicos funcionan de manera similar a la forma en que lo hace la meditación. Es esencialmente una herramienta para el crecimiento espiritual. En el chamanismo, los viajes también se utilizan para curar problemas psicológicos, físicos, emocionales y espirituales y obtener información del mundo espiritual.

Los viajes chamánicos permiten al viajero interactuar y comunicarse a nivel espiritual. Los viajeros chamánicos pueden visitar a los ayudantes y guardianes espirituales en el mundo de los espíritus. Durante el viaje, los chamanes pueden examinar e investigar su salud mental, física y espiritual y la de otros suplicantes que acuden a los chamanes en busca de ayuda para superar los problemas.

Sepa que hay una diferencia entre un sueño y un viaje chamánico. En este último, como viajero, tiene el poder de dirigir su viaje a medida que avanza y aprende cosas inesperadas. Por ejemplo, si sueña con correr como un ciervo, es probable que sienta la velocidad de la carrera. En un viaje chamánico, experimentará el movimiento de los músculos mientras corre el venado. Si experimenta el rugido de un león, sentirá el sonido vibrando desde la garganta del animal.

Incluso en nuestro mundo, hay tantas experiencias que le enseñan lecciones inesperadas, ¿verdad? Lo mismo sucede en los viajes chamánicos. Cuanto más viaja y más profundiza en el chamanismo, más cosas aprende, especialmente lecciones e ideas inesperadas.

Incluso si no utiliza los viajes chamánicos para curar a otros, es una excelente herramienta para el autodesarrollo y la construcción de la autoconciencia. Muchos seguidores del chamanismo utilizan los viajes para superar problemas emocionales. Durante el viaje, se encuentran con personas vivas o muertas de sus vidas que les han abusado o les han creado problemas.

Estos viajes brindan un mecanismo seguro para expresar su angustia e ira ante tal trauma. En consecuencia, las personas que regresan de tales viajes chamánicos se encuentran libres de los efectos agonizantes del trauma porque lo han enfrentado en un ambiente seguro, sin causar daño a sí mismos ni a los demás. Los viajes chamánicos, por lo tanto, ayudan a las personas a superar su dolor.

Los viajes chamánicos también se ven como una forma de crecer espiritualmente. Las personas buscan maestros evolucionados durante esos viajes, y las lecciones que aprenden de estos maestros están plagadas de significados profundos e inesperados que arrojan luz sobre muchas áreas oscuras de sus vidas. La mayoría de los viajeros chamánicos informan de un mayor nivel de logro espiritual viaje tras viaje, lo que resulta en una educación espiritual coherente y sin fisuras.

Debe tomar notas detalladas de todos sus viajes chamánicos a su regreso. Más tarde, cuando lea estas notas, influenciado por el conocimiento recién adquirido de cada viaje subsiguiente, se dará cuenta lentamente de la profundidad del aprendizaje que obtiene de cada visita al mundo de los espíritus. La mayoría de los mensajes sobre los viajes chamánicos se obtienen a través de símbolos, cuyo significado e interpretación requieren tiempo y viajes repetidos para interpretar y comprender.

Los lugares visitados por los chamanes durante sus viajes varían dependiendo de muchos factores, incluida la intención, la comunidad a la que pertenecen y más. Algunos lugares que visite como chamán serán como los que ve en la tierra. Podría ver montañas, bosques, ríos, valles, etc. Algunos otros lugares pueden estar desiertos y ventosos. Algunos otros podrían darle una profunda sensación de paz, o podría visitar lugares llenos de energía. Los destinos de los viajes chamánicos no están sujetos a reglas científicas vinculadas a los humanos como la gravedad, etc. En cambio, lo que sucede y lo que se ve se basa en la energía de ese lugar.

Algunos chamanes también pueden viajar a dimensiones más pequeñas. Por ejemplo, un chamán puede viajar a las células del cuerpo de alguien para investigar un problema de salud. Los viajes chamánicos también pueden llevarte a lugares entre moléculas de agua. Además, algunos chamanes pueden visitar uno o dos lugares en todos sus viajes. Algunos otros podrían viajar a una gran variedad de lugares durante sus viajes.

A medida que el chamán se vuelve cada vez más hábil para viajar a lugares lejanos y emprender viajes largos, corre el riesgo de no regresar. Una forma de reducir este riesgo es tener un compañero de viaje. Por lo general, este socio tendrá una palabra clave o frase o un tambor en particular para llamar al viajero chamánico de regreso al mundo real. Sin embargo, estas aventuras arriesgadas no son para principiantes y están destinadas solo para estudiantes avanzados que han dominado los conceptos básicos.

La experiencia del viajero también puede variar en cada viaje. Por ejemplo, cuando emprende viajes chamánicos, es posible que vea todo lo que le rodea con claridad en algunos viajes. En algunos otros, es posible que no vea con claridad, pero puede oír bien. Algunos chamanes pueden usar todos sus sentidos mientras viajan, mientras que otros solo pueden usar uno de sus sentidos. Por ejemplo, si el sentido del tacto es predominante en sus viajes, es posible que sienta la brisa en su piel o la hierba bajo sus pies.

A veces, es posible que no experimente nada visual. Sin embargo, puede sentir e interpretar mensajes simplemente sabiendo dónde se encuentra y la sensación implícita de saber que algo está sucediendo. Una buena analogía para esta extraña experiencia es la siguiente: Suponga que está sentado de espaldas a la puerta, siente que la puerta se abre e inmediatamente reconoce a la persona que entra incluso antes de darse la vuelta o de escuchar la voz de la persona. Esta experiencia nos ha pasado a muchos de nosotros, y muchas veces también, ¿verdad? Se puede tener una experiencia similar durante su viaje chamánico.

Además, con bastante frecuencia, puede experimentar los eventos y sucesos que tienen lugar en la sala de rituales y en el destino del viaje. Es como tener el alma en dos lugares. La intensidad con la que los chamanes experimentan los eventos de la sala ritual depende de él o ella. A veces, un chamán tiende a cubrirse los ojos para minimizar el efecto de las experiencias en la habitación. A medida que progresa en su aprendizaje chamánico, es posible que domine el arte tan bien que le resulte fácil bloquear las experiencias de la sala, dejándolo libre para concentrarse en el viaje y los mensajes que allí encontrará.

La efectividad de un viaje chamánico se mide en función de los resultados. Un curandero chamánico se considera bueno solo cuando puede curar de manera que reduzcan de manera significativa y tangible las aflicciones de un suplicante. Un buen chamán puede leer e interpretar eficazmente los mensajes que recibe durante el viaje y regresa con soluciones para los problemas que tiene entre manos. Un gran chamán regresa de los viajes, ofreciendo ideas con las que se pueden sentir poderosos resultados a corto o largo plazo.

Por lo tanto, independientemente del tipo de experiencia que tenga un chamán durante su viaje, la prueba final es el resultado y no la experiencia, que es algo personal para el chamán. Entonces, si un chamán solo escucha mensajes y otro ve cosas en tecnicolor, no significa necesariamente que el segundo sea más poderoso que el primero. El resultado se usa para medir el poder de un chamán.

Los desafíos de los viajes chamánicos

Uno de los mayores desafíos que enfrentan los chamanes potenciales es la falta de confianza y la adopción de una perspectiva crítica sobre los viajes chamánicos. Cuando no confías en el concepto de chamanismo o eres crítico con él, entonces te conectas a la tierra y tu alma se ata, lo que hace que sea extremadamente difícil para tu alma abandonar el cuerpo.

La solución perfecta para este desafío es administrar su voz crítica y generar confianza en su capacidad. Cuide su mente crítica antes y durante su viaje chamánico. Luego, puede utilizar la voz crítica para analizar sus experiencias cuando regrese de su viaje. Un punto clave para recordar es que los nuevos viajeros pueden experimentar sensaciones delicadas cuando regresan de sus viajes iniciales. Sin embargo, con la práctica repetida, sus poderes chamánicos se volverán cada vez más fuertes siempre que su voz crítica no destruya su confianza.

Curiosamente, la mayoría de los chamanes expertos, especialmente del chamanismo contemporáneo, creen que una actitud escéptica no obstaculizará una experiencia chamánica sana siempre que no permita que interfiera con el proceso. Si su actitud crítica no lo conecta tan profundamente, su alma tendrá dificultades para liberarse y emprender el viaje.

La mentalidad es el diferenciador clave entre un chamán que emprende viajes chamánicos y uno con problemas para soltarse. Mantener la mente abierta es un elemento vital en todo el proceso. Una vez que haya logrado esto, el resto se llevará a cabo automáticamente con poca o ninguna dificultad.

Mantener la mente cerrada es como cerrar una puerta que tiene un inmenso potencial para el crecimiento espiritual. Innecesariamente, se niega a sí mismo la oportunidad de tener una experiencia hermosa y satisfactoria. Y lo más importante, no tiene nada que perder. Mantenga su mente abierta y prepárese.

Entonces, la siguiente pregunta para la mayoría de los principiantes sería: "¿Puedo emprender viajes?". La respuesta a esta pregunta es un enorme "sí". Un aspecto interesante de los viajes chamánicos es que todos estamos dotados de forma innata con la capacidad de emprender viajes. Es una habilidad que ya poseemos. Solo necesitamos que nos lo recuerden. Trabaje de manera efectiva para desarrollarlo y dominarlo, de modo que pueda lograr niveles más altos de viajes con la ayuda de las lecciones de cada experiencia de viaje.

Hay poco que enseñar en términos de emprender viajes chamánicos. Una vez que tenga la idea básica detrás de esto y se conecte con su habilidad innata, podrá encontrar sus propias formas de desarrollar su don natural. A menudo, cuanto menos se diga durante el proceso de enseñanza, mejor será. De esta manera, los alumnos pueden profundizar en sus mentes y psiquis y encontrar nuevos caminos por sí mismos. Los buenos maestros rara vez interfieren con la capacidad innata de un estudiante para aprender sobre sí mismo.

No es necesario ser chamán para emprender viajes chamánicos. Muchos novatos están utilizando efectivamente el viaje chamánico como una herramienta para el crecimiento espiritual y personal. Es posible que no desee utilizarlo para curar o realizar otros trabajos que hacen los chamanes. Puede usarlo simplemente para su desarrollo personal. Su esfuerzo no será en vano al notar cambios positivos en su vida.

Capítulo 10: El mundo inferior - Encontrar su animal espiritual

En un capítulo anterior, mencionamos los viajes a los tres mundos. En este y en los dos capítulos siguientes, trataremos en detalle los viajes a estos tres mundos.

El viaje al mundo inferior

Los chamanes viajan al mundo inferior por primera vez, normalmente para encontrar a su animal espiritual. Este concepto se abordó en un capítulo anterior. Aquí, obtendrá un proceso más detallado para viajar al mundo inferior y descubrir su animal espiritual. Hay algunos elementos importantes que necesitará para realizar este viaje. Aquí hay algunos consejos para hacer su viaje al mundo inferior para encontrar a su animal de poder.

Primero, busque un lugar tranquilo donde no lo molesten durante al menos 20-30 minutos. Busque un lugar donde pueda recostarse cómodamente. Tenga una manta liviana. Use un paño largo o un pañuelo para cubrirse los ojos. Consiga una cinta de audio con una grabación, como se explica en el Capítulo 6. Podría utilizar un CD con el sonido de tambores. Mantenga su diario cerca para que pueda tomar notas cuando regrese de su viaje.

Acuéstese en el suelo y adopte una postura cómoda. Puede usar una almohada debajo de la cabeza o la rodilla para mayor comodidad. Use la manta para cubrir su cuerpo y el pañuelo para cubrirse los ojos. Encienda el audio o el CD de percusión.

Visualice un lugar donde crezca un árbol especial. Podría ser un recuerdo feliz de su infancia. Podría ser un árbol en el que jugaron usted, sus hermanos y sus primos. Podría ser un árbol en un lugar especial de su infancia, un lugar que disfrutó visitar con su familia.

Visualícese parado frente a este árbol especial. Observe todos los elementos del árbol, incluido su tronco, sus ramas, la fruta, las raíces, las hojas, los pájaros que anidan allí y todo lo que pueda ver. Familiarícese con todos los aspectos de este árbol especial. No tenga prisa. Tómese unos minutos para explorar el árbol. Envuélvalo con sus brazos y abrácelo. Cuando esté familiarizado con el árbol, continúe con el siguiente paso.

Ahora, acérquese a la base del árbol, arrodíllese y busque un agujero o un portal a través del cual pueda entrar al árbol. A medida que persista en su búsqueda, encontrará este agujero.

A continuación, familiarícese con esta apertura. Vea qué tan grande es y qué cosas hay a su alrededor. Siga mirándolo y notará que la abertura, que al principio parecía pequeña, está creciendo hasta que es lo suficientemente grande para que pueda entrar sin problemas. Ahora baje hasta el agujero. Podría visualizar que se aferra a una raíz mientras baja.

A medida que baje, notará que el suelo debajo de usted se expande hacia un espacio subterráneo. Ahora, este es el comienzo del mundo inferior. Observe la tierra a medida que se abre, y comienzan a formarse formaciones rocosas, cascadas, ríos, arroyos, árboles frutales, una cueva, un estanque y otros aspectos de la vida terrestre. Siga el camino hasta llegar a terreno abierto. También es probable que vea el cielo e incluso la luz del sol.

Experimente todos los sentidos, incluido lo que oye, ve y siente. Observe todo lo que sucede a su alrededor. Por ejemplo, podría estar parado sobre el agua porque podría sentir sus pies mojados. Podría oler la fragancia de unas hermosas flores que crecen en un seto a lo largo de un camino forestal. Podría escuchar el arrullo de un pájaro o el sonido de sus alas mientras vuela cerca de usted. Podría tocar las hojas suaves y espinosas de un arbusto cercano.

También puede usar sus manos para sentir su camino a medida que avanza. Dedique algún tiempo a aprender y familiarizarse con todos los elementos del entorno del mundo inferior.

Siga el camino por el que lo llevan sus sentidos. Si se encuentra con algún animal, deténgase y observe sus acciones y comportamientos. No dude en preguntarle si es su animal de poder. Por lo general, si un animal reaparece y permanece durante algún tiempo más de una o dos veces (mientras que otros van y vienen), es probable que sea su animal de poder. Aquí hay más sugerencias para ayudarlo a identificar su animal de poder:

Recuerde sus sueños: como ya se discutió en un capítulo anterior, los sueños están profundamente conectados a nuestra mente subconsciente y su memoria. Entonces, algunas cosas que nuestra mente consciente podría haber olvidado podrían almacenarse en nuestra mente subconsciente. Estos se nos revelan a través de nuestros sueños. Entonces, recuerde sus sueños y vea si un animal específico sigue apareciendo en ellos. Si existe un animal así, es probable que sea su animal de poder. Si llega a ver el mismo animal en su viaje por el mundo inferior, puede estar casi seguro de que es su animal de poder.

Pregúntese si tiene una conexión antigua con algún animal: su animal de poder podría ser uno de los favoritos de su niñez. Podría ser una mascota que amaba, un animal con el que sintió una conexión profunda durante una visita al zoológico, o cualquier conexión pasada con animales.

Escriba sobre los animales que le atraen: siéntese en un lugar tranquilo y prepárese para meditar. Cierre los ojos y respire profundamente un par de veces. Cuando esté completamente relajado, piense en un animal por el que se sienta significativamente atraído. Hágase esta pregunta: "Si este animal por el que tengo sentimientos especiales es mi animal de poder, ¿qué lecciones puedo aprender de él? ¿Ayudarían estas lecciones a desarrollar mi poder personal?". Cuando obtenga las respuestas, abra los ojos y escríbalas en su diario.

Repita este ejercicio con diferentes animales y haga anotaciones en su diario después de cada sesión. Déjelo de lado durante un par de días. Luego, regrese a su diario y vea qué anotación le resuena más.

Estos consejos le serán útiles mientras está en su viaje por el mundo inferior en busca de su animal de poder. Podrá identificar rápidamente qué animal es su animal de poder. Antes de continuar, aquí hay una lista de animales de poder o espíritu común con los que muchos chamanes interactúan y se comunican:

Mariposa: este hermoso insecto es el símbolo definitivo de transformación y crecimiento. Su increíble capacidad para adaptarse a las situaciones más difíciles y salir adelante con facilidad y gracia es una habilidad que todos debemos aprender.

Oso: el oso representa una fuerza inmensa. Es un animal profundamente emocional y se conecta fuertemente con el medio ambiente y la tierra.

Rana: este animal, que parece ser un candidato poco probable para ser un animal de poder, es una criatura subestimada. Es la guía espiritual de la curación de heridas físicas y emocionales. Reitera la importancia del diálogo interno y ayuda a recuperarse de traumas pasados para que pueda vivir feliz en el presente.

Ciervo: este animal altamente sensible es uno de los guías espirituales intuitivos más poderosos. El ciervo logra un equilibrio perfecto entre gracia, gentileza, éxito y confianza.

Paloma: representando nuevos comienzos, bendiciones y paz, la paloma es un signo de esperanza y optimismo.

Gato: el gato es un símbolo de curiosidad, aventura e independencia. El gato también es conocido por su inmensa capacidad de paciencia.

Elefante: este majestuoso animal es un símbolo perfecto de gentileza, sabiduría y comprensión espiritual.

Otros animales de poder que se comunican habitualmente con los chamanes incluyen el león, el halcón, el búho, el ratón, la tortuga, el pavo real, el caballo, el zorro, el buitre, el lobo y el tigre.

Con los indicadores anteriores, puede identificar fácilmente a su animal de poder durante su viaje al mundo inferior. Una vez que haya reconocido a su animal de poder, busque un lugar cerca y siéntese. Establezca una conversación con él. Pregunte por qué eligió ser su animal de poder. No se preocupe por su capacidad para comprender la respuesta del animal. Sentirá o incluso escuchará la respuesta.

Pídale ayuda al animal con respecto a cualquier problema que esté enfrentando. Podría pedirle a su animal de poder un pequeño obsequio para recordar la ocasión de la primera reunión. Guarde este regalo en su bolsillo. A cambio, podría dejar un pequeño obsequio para su animal de poder.

En el primer encuentro con su animal de poder, tendría sentido quedarse con él hasta que escuche la llamada de regreso. Es probable que su animal de poder lo lleve a pasear por el mundo inferior. Observe todos los lugares que visita. Cuando se escuche el llamado de regreso, agradezca a su animal de poder y despídase y diga que regresará pronto.

Ahora es el momento de regresar simplemente siguiendo el camino que tomó en la dirección contraria. Si ha olvidado el camino de regreso, no se preocupe. Su animal de poder, que conoce el mundo inferior como la palma de su mano, lo guiará de regreso al lugar donde puede trepar y llegar al portal en la base del árbol especial.

Cuando llegue al árbol, recupere lentamente el movimiento de sus extremidades y abra gradualmente los ojos. Cuando esté completamente consciente del mundo físico, levántese lentamente. No olvide registrar todo sobre su viaje en su diario.

La lección más importante en este punto es que su primer viaje al mundo inferior podría fallar. Fallar en el primer intento es algo común para muchos chamanes. No tome este fracaso como un signo definitivo o incapacidad para emprender viajes chamánicos. Recuerde, la capacidad de viajar es un talento innato que todos los humanos poseen. Simplemente tenemos que trabajar en esta habilidad inherente y desarrollarla.

Además, algunos chamanes solo tienen un animal de poder, con el que trabajan durante toda su vida. Sin embargo, algunos chamanes tienen más de un animal de poder y se turnan para ayudar al chamán según el problema que se deba resolver. Algunos chamanes tienen un animal de poder que es una combinación de dos.

Trabajando con su animal de poder

Ahora que tiene un animal de poder, debe repetir sus viajes al mundo inferior. Cuanto más viaje con su animal de poder, más poderoso se volverá como chamán. Su relación con su animal de poder es un componente vital de su fuerza como chamán. A los animales de poder no les gusta que los olviden. Use sus habilidades especiales para salir de situaciones complicadas y conflictivas. No dude en buscar su ayuda para asistir también a sus seres queridos.

Todos los animales tienen excelentes habilidades para sobrevivir. Estas habilidades no les ayudan solo a sobrevivir, sino también a desarrollarse en la naturaleza. Pídale a su animal de poder que comparta sus habilidades con usted para poder usarlas cuando lo necesite. Nunca olvide agradecer a su animal de poder por estar allí para usted y por brindarle toda la ayuda que necesita.

Además, no debe concentrarse solo en los aspectos físicos de su animal de poder. Debe identificar el espíritu de su animal de poder y aprender de él. Su animal de poder no necesita aparecer solo cuando está en un viaje chamánico. Puede contactarlo cuando lo desee y ellos pueden responderle de varias maneras, incluso a través de sueños o visiones.

Construir una relación sólida con su animal de poder es un aspecto crucial del éxito en su vida chamánica. Aprenda todo lo que pueda sobre su animal de poder. Investigue:

- ¿Cuáles son sus atributos físicos?

- ¿Dónde vive?

- Si migra, y si lo hace, ¿a dónde migra?

- ¿Cuáles son sus hábitos de apareamiento?

- ¿Cómo cuida a sus crías?

- ¿Cuáles son sus hábitos alimenticios?

Cuando tenga respuestas a estas preguntas, es posible que reciba una señal sobre las lecciones que necesita aprender de su animal de poder. Por ejemplo, si su animal de poder es un oso. Sabe que los osos aman la miel. Entonces, podría ser un mensaje para que incorpore un poco de dulzura en su vida. Las preguntas más profundas a las que necesita encontrar respuestas sobre su animal de poder incluyen:

- ¿Cómo se ha representado en historias y mitos antiguos y por qué?

- ¿Cuáles son sus características únicas?

Cuanto más sepa sobre su animal de poder, más podrá aprender de él y utilizar esas lecciones para el desarrollo personal y el crecimiento espiritual.

Capítulo 11: Respondiendo al llamado de los antepasados

Ninguno de nosotros estaría aquí en este mundo sin nuestros antepasados, siendo nuestros padres nuestros antepasados más cercanos. ¿Ha probado dibujar su árbol genealógico? Si es así, se habrá dado cuenta de que cuanto más retrocedemos en nuestro linaje, más confuso se vuelve. Es posible que pueda retroceder unas dos o tres generaciones, y después de eso, estudiar su ascendencia puede ser algo bastante difícil de hacer. Las líneas de separación parecen nublarse a medida que surgen tantas bifurcaciones y antepasados en el árbol.

Si extrapolamos este árbol hasta el comienzo de la humanidad, es posible que todos nos relacionemos de alguna manera. Independientemente de esta interconexión de toda la raza humana, es irrefutable que somos el fruto de cientos y miles de años de linaje y ascendencia histórica. No hay duda de que nuestros antepasados han jugado un papel crucial en nuestra existencia hoy. El chamanismo aceptó y valoró la importancia del camino de los antepasados antes de la genealogía moderna, y los estudios genéticos demostraron su valor.

Lamentablemente, en muchas formas de chamanismo contemporáneo, el concepto de ascendencia se olvida a medida que las personas se sienten cada vez más atraídas hacia los guías espirituales y los animales de poder. Ellos merecen nuestro respeto porque hemos adquirido genéticamente múltiples habilidades de ellos. Si no hubieran adquirido aquellas habilidades y nos las hubieran transmitido, no nos hubiéramos vuelto tan avanzados y desarrollados tecnológicamente en la actualidad. Cada nivel de nuestros antepasados nos ha transmitido ciertas habilidades. Por lo tanto, no debemos olvidarlos y debemos guardarlos en nuestro corazón y alma.

Como chamán, notará que es imposible olvidar a sus antepasados porque se infiltran en su conciencia a medida que desarrolla habilidades chamánicas y practica rituales y viajes con regularidad. Nuestros antepasados pueden darnos mucha información sobre nuestro pasado considerando que estaban presentes cuando ocurrieron los eventos en el pasado, a diferencia de nosotros que sabemos sobre estos eventos oralmente o leyendo sobre ellos.

Puede ponerse en contacto con sus antepasados que viven en el área del crepúsculo en viajes chamánicos y pedir información sobre sus propios orígenes. Lo importante de viajar a la zona del crepúsculo donde viven nuestros antepasados es que debe hacerse solo bajo la guía de un chamán altamente capacitado y experimentado, ya que las posibilidades de perderse en estos lugares son altas. Curiosamente, una vez que haya establecido contacto y una buena relación con sus antepasados, puede pedirles que lo visiten en sus sueños siempre que busque su ayuda.

Viaje chamánico para visitar a los antepasados

Al igual que con cualquier viaje chamánico, necesitará dos elementos importantes para su viaje. Lo primero es un medio para alcanzar el estado alterado de conciencia y poder hacer el viaje y lo segundo es su intención. Establezca su intención repitiendo esta oración en su ritual chamánico: "Voy a encontrarme con mis antepasados para buscar su ayuda". Su corazón y su mente deben estar concentrados en su intención, y su fe debe ser inquebrantablemente fuerte. No permita que sus dudas estropeen su capacidad para emprender el viaje y reunirse con sus antepasados.

Además, recuerde que sus antepasados podrían enviarle mensajes de diversas formas. Por ejemplo, podría ser un viajero en el que puede ver claramente todo lo que sucede en su viaje e interactuar directamente con sus antepasados. Sin embargo, algunos chamanes escuchan cosas y pueden interpretar mensajes basándose en lo que han escuchado.

Otros podrían simplemente "sentir" las respuestas a las preguntas. Muchos de nosotros recibimos nuestros mensajes de estos sentidos. Recuerde confiar en su intuición y permitir que los antepasados se conecten con usted y lo ayuden con sus problemas. Aquí hay algunos consejos para emprender su viaje al mundo chamánico para conocer a sus antepasados. Comencemos:

Busque un lugar tranquilo y sereno y acuéstese cómodamente con una manta liviana que cubra su cuerpo y un pañuelo o un trozo de tela que cubra sus ojos. Encienda el CD de ritmos de batería o cualquier forma de audio grabado que utilice para entrar en un estado alterado de conciencia.

Relaje su cuerpo y mente lenta y constantemente mientras escucha el tamborileo de fondo. Mientras se relaja por completo, exprese su intención de visitar a sus antepasados varias veces.

Imagine que está en un vasto prado junto a una pared. Explore los alrededores. Observe la hierba verde, las ovejas y otras vacas pastando cerca. Observe todo de cerca y familiarícese con su entorno.

Lentamente, pero a medida que su intención se arraigue profundamente en su psique, notará una puerta en el medio de la pared. Camine lentamente hacia la puerta, gire la manija y ábrala. Pase el umbral y quédese allí. Mientras espera en la entrada del huerto, desarrolle una profunda sensación de anticipación al encontrarse con sus antepasados.

Ve una gran arboleda al otro lado del muro. Está lleno de hermosos árboles verdes. De muchos árboles cuelgan muchas frutas deliciosas y jugosas. Hay filas y filas de árboles. Ve pájaros y animales moviéndose pacíficamente en la arboleda. Escuche los sonidos de pájaros y animales, la suave brisa, el arroyo que fluye. Sienta el suelo bajo sus pies. Agradezca a los espíritus de las cuatro direcciones.

Busque señales en la arboleda que parezcan llamarle la atención. Podría ser una luz proveniente de las profundidades de la arboleda. Podría ser una voz que reconoce (sus padres o abuelos) llamándolo para que los conozca, o cualquier otra señal similar. Mantenga todos sus sentidos alerta para leer e interpretar estos signos.

Confíe en su intuición y camine hacia la señal que sienta como un llamado de algún antepasado. Encuentre un lugar atractivo y siéntese en el lugar al que le lleva aquella señal. Nuevamente, mire sus alrededores y familiarícese usando todos sus sentidos, incluidos la vista, el olfato, el tacto, los sonidos y los sentimientos.

Llame a sus antepasados para que se junten con usted en su lugar de espera. Exprese su intención de invitar a sus antepasados a que vengan a visitarlo unas cuantas veces. "Quiero que mis antepasados vengan a visitarme aquí".

En breve, experimentará la presencia cercana de alguien esperando su llamado. Mire a la persona y vea quién ha elegido visitarlo. ¿Cuántos de sus antepasados han venido a verlo? ¿Uno? ¿Dos? ¿Tres? ¿Cuántos son? ¿Hombres o mujeres? Esté abierto a todas las opciones y simplemente acepte las visitas. Confíe en sus antepasados de que le enviarán el tipo de personas adecuado para ayudarlo.

Agradezca y honre a sus antepasados diciendo: "Les agradezco por aceptar mi invitación a conocerme. Los honro. Les agradezco por darme la vida". Repita estas oraciones hasta que sienta que sus antepasados entendieron el mensaje y aprecie sus sentimientos hacia ellos.

Ahora, simplemente permita que las cosas y los eventos se desarrollen por sí mismos. Sus antepasados pueden hablar con usted o simplemente puede sentarse en silencio con ellos. Si bien puede interactuar con ellos, lo mejor sería simplemente observarlos y darles el derecho de paso. Deje que lo lleven a donde sea o que hagan lo que sienten que será bueno para usted.

Podría hacer una pregunta específica. Sin embargo, tenga paciencia y espere a que respondan en el momento adecuado. El truco consiste en tener paciencia y esperar a que las cosas sucedan a su ritmo y momento naturales. Puede que tenga que sentarse con sus antepasados por un tiempo. De hecho, durante su primer viaje, puede no obtener las respuestas o ayuda que necesita.

Es posible que tenga que regresar cuando escuche la llamada de regreso. Los espíritus de nuestros antepasados también funcionan de manera similar a los animales de poder. Se toman su tiempo para entablar una relación con usted. Solo recuerde que una vez que se hayas conectado con ellos en su primer viaje, ellos se comunicarán con usted por otros medios, incluidos sueños, visiones, etc.

Lo que debe recordar es no sentirse frustrado por el aparente fracaso en su primer intento. Toma tiempo y esfuerzo. Vendrán cuando sea el momento adecuado. Mantenga su intención fuerte. Ellos no pueden ignorarlo y tampoco lo harán. Una parte de ellos está incrustada en su ADN y viven en un mundo que no tiene límites físicos restrictivos. Simplemente siéntese con sus antepasados hasta que escuche el llamado de regreso. Acepte cualquier cosa que suceda durante su tiempo con ellos.

Cuando escuche el llamado de regreso, permita que sus antepasados se desvanezcan. Pero antes de eso, recuerde agradecerles por su tiempo. Muestre su profunda gratitud diciendo: "Te agradezco desde el fondo de mi corazón por recibirme. Honro tu presencia en mi vida".

Además, avíseles si los verá de alguna forma. Permítales que le envíen los mensajes que consideren oportunos. Hágales saber que los volverá a visitar pronto. A nuestros antepasados les encanta recibir visitas porque pocas personas los visitan, considerando que realizar viajes requiere tiempo, esfuerzo y práctica diligente. Así que asegúreles que volverá pronto. Después de que se hayan desvanecido, regrese al mundo físico a través de la entrada por la que entró. Cuando el tambor se detenga, mueva lentamente sus manos y piernas. Abra los ojos, acostúmbrese al mundo real y levántese gradualmente. Realice anotaciones detalladas en su diario.

Los chamanes y sus antepasados

Una vez que los chamanes hacen contacto y establecen una relación con sus antepasados, la relación puede profundizarse. Los chamanes son convocados por chamanes ancestrales específicos para que cumplan sus órdenes. En algunas culturas, como las tribus tunguses, los chamanes se ven afectados por una forma inexplicable de ataques o enfermedades, que podrían ser un signo de la convocatoria de un chamán ancestral.

Los antepasados de otras tribus utilizan métodos más humanos para convocar a los chamanes. Pueden usar sueños o visiones para enviar mensajes a los chamanes. Por ejemplo, los chamanes de la tribu zulú obtienen visiones y sueños de sus antepasados. Los antepasados de las tribus Blackfeet en América del Norte dejan señales en la naturaleza para que los chamanes lean y respondan a la convocatoria.

A veces, especialmente cuando un chamán no ha intentado conectarse con sus antepasados, la convocatoria podría llegar a través del animal de poder o el ayudante espiritual. Estas llamadas de los chamanes ancestrales son invariablemente para iniciar a la persona elegida en el chamanismo. Los antepasados ven potencial en un candidato elegido y desean iniciarlo en el camino del chamanismo.

Una vez iniciados, los ancestros continúan ofreciendo ayuda al nuevo chamán en todos los viajes y rituales de curación. En algunas culturas, el ayudante principal de un chamán podría ser un antepasado en lugar de un animal de poder o un ayudante espiritual. Los chamanes Hmong tienen un grupo de ayudantes espirituales y animales de poder dirigidos por un antepasado que se llama Ancestro-Maestro. Este Ancestro-Maestro lega el poder de su espíritu humano a los descendientes de la tribu para que puedan continuar con el trabajo que comenzó. El espíritu del antepasado continúa ayudando a sus descendientes.

Los espíritus ancestrales también ayudan a los chamanes a realizar muchos rituales. En ciertas tribus, los chamanes recurren a sus antepasados en busca de ayuda para pasar las pruebas de admisión como chamanes de la tribu. La respuesta del antepasado es un signo de los poderes chamánicos del candidato. Entre las tribus mongolas, cuando un chamán es poseído durante un ritual chamánico, se considera que él o ella está poseído por el "abuelo" o la "abuela", un símbolo de ancestralidad.

Sin duda, los antepasados juegan un papel crucial en el chamanismo, específicamente en el éxito de un individuo como chamán. Por tanto, sería ingenuo no reconocer la sabiduría y el poder de nuestros antepasados. En cambio, deberíamos aprovechar el poder que casi siempre están dispuestos a dar a sus descendientes.

Entonces, recuerde conectarse con sus antepasados. Descubra más sobre sus antepasados y vea con cuál de ellos le gustaría entablar una relación. Cuando sus antepasados escuchen o sientan su profunda intención de conectarse con ellos, nunca dudarán en comunicarse con usted y ayudarlo en todo lo que necesite.

Capítulo 12: El Mundo Superior - Encuentro con lo Divino

Este capítulo final analizará el viaje del Mundo Superior y verá qué experiencias puede tener como viajero chamánico. Entonces, vayamos directo a eso. Los chamanes viajan al Mundo Superior para obtener sabiduría arquetípica, obtener una perspectiva más alta de sus propias vidas o las de sus suplicantes, o influir en los líderes para que tomen mejores decisiones para la bondad general de su tribu.

Los chamanes también visitan el Mundo Superior en busca de información e inspiración para poder restablecer el equilibrio en su comunidad. Mantener el equilibrio y la armonía es una responsabilidad clave de un chamán. Lo bueno de los viajes es que puede realizarlos cualquier persona, desde el novato en el mundo del chamanismo hasta el chamán más experimentado. Se necesita un poco de imaginación y una poderosa intención para buscar ayuda y encontrar respuestas a sus diversas preguntas.

El Mundo Superior es tan mágico como los Mundos Inferior y Medio del cosmos chamánico. Aquí, puede conocer y conectarse con sus padres celestiales, quienes pueden ayudarlo a acceder y comprender el acuerdo de su alma original, la guía definitiva para el propósito de su vida.

Un pequeño consejo al comenzar su viaje por el mundo superior es que es probable que se sienta abrumado por el poder que tiene esta parte del cosmos. También es probable que en su estado de ánimo emocionado, pueda hacer un millón de preguntas. Recuerde tomarse las cosas con calma y contener su entusiasmo. Disfrútelo. Recuerde que hará estos viajes al Mundo Superior repetidamente. Habrá mucho tiempo para todas sus preguntas.

Es mejor viajar al Mundo Superior con su animal de poder como guía. Los poderosos instintos y las cualidades de supervivencia de su animal espiritual son excelentes herramientas de guía. Es su compañero perfecto para volar a su destino. El animal de poder del Mundo Superior puede ser similar al que obtuvo para el Mundo Inferior. Sin embargo, normalmente hay una pequeña diferencia.

El animal de poder del mundo superior es casi siempre una criatura que puede volar como el halcón, el águila o la paloma. Estas criaturas aladas son perfectas para obtener una vista panorámica del cosmos, lo que le ayudará inmensamente a poner su propia vida en perspectiva. Al igual que con todos los viajes chamánicos, tiene sentido registrar sus experiencias a su regreso. Como antes, grabe su voz con el siguiente discurso para reproducirlo cuando comience su viaje al mundo superior.

Siéntese en una silla cómoda o, mejor aún, use un sillón reclinable. Respire profundamente un par de veces antes de comenzar. Cierre los ojos y coloque las manos en su regazo. Permita que su cuerpo y su mente se relajen, asegurándose de estar completamente involucrado en el momento presente.

Puede utilizar este ejercicio de respiración para relajarse antes del viaje. Inhale contando hasta siete, aguante el aire contando hasta siete, exhale contando hasta siete o más hasta que sienta que sus pulmones están completamente sin aire. Repita este proceso un par de veces, lo que le ayudará a sentirse relajado, aunque, en las etapas iniciales, la cuenta de siete, especialmente durante la exhalación, puede ser un desafío. Sin embargo, con un poco de práctica, podrá dominarlo fácilmente. Además, puede utilizar esta técnica de respiración para sus viajes a los mundos inferior y medio.

Cuando esté completamente relajado, declare su intención de viajar al mundo superior. Diga estas intenciones en voz alta:

- Me gustaría viajar al Mundo Superior y conocer a mis padres celestiales.

- Quiero viajar al Mundo Superior (declare su propósito).

Cuando viajo, quiero ser contactado solo por seres puros y por luz. Estas restricciones incluyen mi ego y cualquier otro pensamiento limitante que pueda tener.

Repita esta intención con frecuencia hasta que esté satisfecho de que ha llegado a los ayudantes espirituales.

Ahora, imagine un árbol alto y gigantesco frente a usted. Este árbol es su Axis Mundi a través del cual subirá al Mundo Superior. Visualice su enorme y espacioso tronco, sus grandes raíces que sostienen el árbol fuerte y firme, un laberinto de ramas que se extiende hacia el cielo. Imagínese entrando en el espacioso tronco de los árboles. Piense en usted mismo dentro de él.

Visualice la savia del árbol fluyendo desde la raíz hacia la copa del árbol. Permita que este flujo espeso de savia lo lleve hacia las ramas más altas. Llegará a un lugar por encima de las nubes. Este es un punto importante que recordar. Es libre de imaginar cualquier tipo de escena para hacer su viaje. Solo recuerde que su viaje comienza desde su lugar de anclaje. Aquí, el punto de anclaje será el árbol gigantesco.

Puede usar el mismo lugar de anclaje que eligió cuando lo visualizó por primera vez, como se describe en el capítulo 3. Aquí hay otra forma en que sus poderes de visualización lo llevarán a los cielos. Cuando se sienta relajado después de las técnicas de respiración, puede visualizar un prado grande y verde.

Cuando llegue al área por encima de las nubes, mire a su alrededor y familiarícese con el lugar en los cielos. Encuentre una nube sólida en la que pueda pararse y flotar en el Mundo Superior. Ahora, llame al guardián. Al igual que el Mundo Inferior, el Mundo Superior también tiene un guardián, y necesita su permiso para entrar. Observe al guardián caminando hacia usted.

Cuando se acerque, dígale cuál es su intención de visitar el Mundo Superior. Le permitirá caminar con él hacia el Mundo Superior. Mientras camine junto al guardián, observe los alrededores y disfrute de la belleza del lugar. En algunas culturas chamánicas, existen múltiples niveles en el Mundo Superior. El guardián lo llevará nivel por nivel y le mostrará los alrededores.

En el primer nivel del Mundo Superior, verá una habitación similar a una cueva llena de muchos minerales y cristales. Absorba todo lo que vea allí. Pronto notará un pequeño camino frente a usted, justo en medio de filas y filas de minerales y cristales dispuestos en todo su esplendor en la sala de la cueva.

Tome este camino hasta llegar a una puerta. Gire la manija y abra la puerta. Verá una atmósfera desértica. Observe la escalera de caracol que se abre frente a usted. Suba las escaleras sintiendo la calidez del sol del desierto empapándolo en sudor. Encontrará una pared con un pequeño espacio para que una persona pueda caminar al final de las escaleras.

Camine por la brecha hacia la sombra de una hermosa arboleda llena de árboles frutales y numerosas hileras de plantas con flores. Notará que el guardián está justo a su lado. Él lo llevará a una cascada y le pedirá que camine por las aguas relajantes. Haga lo que le dice y métase debajo de la cascada. Notará que el agua tibia lo calmará y relajará después de la larga caminata hasta la arboleda. Esto es parte de la preparación para la limpieza antes de que pueda conocer a sus padres celestiales.

Cuando se sienta listo, pídale al guardián que llame a sus padres celestiales. Notará dos luces brillantes que vienen hacia usted desde la distancia. A medida que estas luces se acerquen, salúdelas con respeto. Agradézcales por venir a verlo. Sienta el amor y el afecto que sienten por usted y permita que la calidez de este amor impregne todo su ser. Puede comenzar a hablar con estos seres espirituales haciendo estas preguntas:

- ¿Quién eres?

- ¿Son ustedes mis padres celestiales?

- ¿Cuál es su relación conmigo?

Al hacer estas preguntas, notará que sus pensamientos y los suyos se combinan y se convierten en un solo pensamiento. Entonces, haga la pregunta y la respuesta también aparecerá en su cabeza debido a que los pensamientos se vuelven uno. Se dará cuenta de que no hay separación ni fronteras limitantes entre usted y sus padres celestiales. Experimenta todo lo que hacen, y debido a esta conexión perfecta con sus padres celestiales, puede percibir y experimentar los pensamientos y sentimientos de los demás. Pase algún tiempo con sus padres celestiales explorando el Mundo Superior.

Después de establecer una buena relación con sus padres celestiales, busque su ayuda para recordar el contrato sagrado original que se formó entre usted y el espíritu universal antes de entrar en esta vida. Hágales preguntas relacionadas con su vida, como:

- ¿Por qué motivo eligieron a sus padres biológicos?

- ¿Dónde nacieron?

- ¿Cuáles son las circunstancias que rodearon su nacimiento?

- ¿Cuáles son las experiencias que deseaba tener cuando eligió esta vida?

- ¿Han sido fiel a los términos del contrato? Si no, ¿dónde y cuánto se han desviado del camino original? ¿Cómo pueden corregir su rumbo?

Todas estas respuestas se encontrarán en el contrato sagrado original. Recuerde, no haga todas estas preguntas en su primer encuentro con sus padres celestiales. Estas son preguntas que pueden responder y que le ayudarán a mejorar su autoconciencia y a tener una vida mejor y más significativa que antes.

Esta interacción con sus padres celestiales le ayudará a comprender el propósito central de su vida. Ahora que ha vivido su vida en la tierra y tiene nuevas experiencias que agregar, puede renovar su contrato con nuevas cláusulas alineadas con lo que quiere hacer en esta vida.

Hágales saber a sus padres celestiales sobre sus nuevos planes. Hágales saber cómo planea aprender, amar y experimentar. Compartir sus metas con sus padres celestiales le impulsará a comprometerse porque sabe que se comunicarán con usted para asegurarse de que cumpla las promesas que ha hecho.

Pida a sus padres celestiales que lo lleven al lugar donde viven sus antepasados. Puede visitarlos un rato y conocerlos bien. Cuando haya terminado su trabajo en el Mundo Superior, agradezca nuevamente a sus padres celestiales y comience su viaje para regresar al mundo físico. No olvide agradecer al guardián antes de comenzar su viaje por el árbol especial, el Axis Mundi.

Ahora, invoque a su animal de poder alado para que lo lleve de regreso al mundo físico. Sienta el viento que sopla en su cara mientras su animal de poder lo lleva a la base del Axis Mundi. Cuando haya llegado a la base del árbol, agradézcale a su animal de poder por traerlo de regreso sano y salvo. Lentamente, regrese a su cuerpo y abra los ojos. Mueva sus manos y piernas para recuperar su movilidad en el mundo físico.

Regrese a su mundo con toda la sabiduría que obtuvo del Mundo Superior, especialmente de sus padres celestiales. No olvide realizar anotaciones detalladas en su diario. Cuando regrese de su viaje al Mundo Superior después de conocer a sus padres celestiales, sentirá una profunda sensación de logro y felicidad.

La oportunidad de realinear su vida con su verdadero propósito lo energizará y rejuvenecerá y lo preparará para enfrentar los desafíos de la vida. La conexión con los padres celestiales es permanente. Una vez que lo haya logrado en este mundo, no podrá desconectarse de ellos aunque lo desee. Aparecerán ante usted ante el menor indicio de problema. Su guía adicional lo ayudará a lidiar con los problemas de la vida de una manera mucho mejor que antes. Estarán allí para darle la bienvenida al mundo celestial cuando termine el propósito de su vida en esta vida.

Su perspectiva desde el Mundo Superior será muy diferente de la que experimenta en los Mundos Inferior o Medio. Desde aquí, puede ver todo en su vida como una unidad cohesiva. Ve su vida y los acontecimientos de su vida individual desde una perspectiva más madura que antes, lo que le permite realizar cambios positivos en su estilo de vida.

Conclusión

En esta nota final, resuma las lecciones clave de este libro.

El chamanismo no es solo un antiguo sistema de curación, sino una forma de vida. Al construir y llevar una forma de vida chamánica, puede llevar una vida más significativa y feliz que antes. Sentirá la interconexión de todo el cosmos a medida que aumente su experiencia con el chamanismo.

La rueda de la medicina es un aspecto importante del chamanismo, ya que le ayuda a comprender el valor de las cuatro direcciones y le enseña cómo buscar la ayuda de los espíritus de estas direcciones.

Experimentar las realidades no ordinarias del cosmos y viajar a los Tres Mundos Chamánicos requiere que alcance un estado alterado de conciencia. Este estado se puede lograr de varias maneras, incluida la escucha de un tambor monótono y repetido, usando ayahuasca, alcohol y cierto humo.

Sin embargo, es de vital importancia no intentar entrar en estados alterados de conciencia usando alcohol u otras formas de sustancias por su cuenta. Debe contar con la ayuda de un chamán experimentado y capacitado para hacerlo. Hacerlo con conocimientos a medias puede resultar muy peligroso. El tamborileo es el más seguro y, con un poco de práctica, puede ser un método eficaz para lograr un estado de conciencia chamánico.

Los sonidos, la meditación y los sueños juegan un papel importante en el chamanismo. Los mensajes de los guías espirituales vienen en forma de señales, visiones y sueños. Sin embargo, a veces, los chamanes pueden interactuar y comunicarse directamente con ayudantes espirituales, animales de poder y ancestros.

Ahora que ha completado una lectura del libro, vuelva a leer cada capítulo más lentamente que antes. Siga las instrucciones de cada capítulo y realice todas las actividades mencionadas en él. Cuanto más aprenda sobre usted mismo en el chamanismo, más empoderado se sentirá.

Vea más libros escritos por Mari Silva

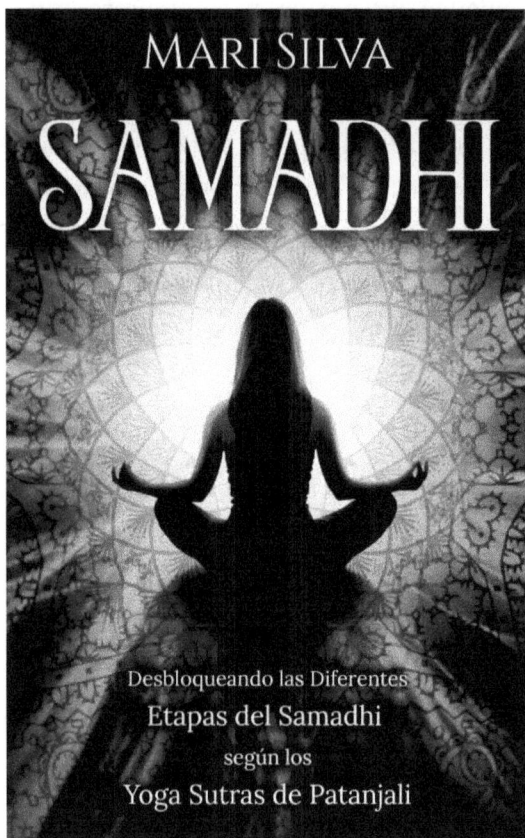

MARI SILVA

SAMADHI

Desbloqueando las Diferentes
Etapas del Samadhi
según los
Yoga Sutras de Patanjali

Referencias

6 Steps to Help You Remember Your Dreams. (sin fecha) Psychology Today. https://www.psychologytoday.com/us/blog/sleep-newzzz/201907/6-steps-help-you-remember-your-dreams

An Encyclopedia of Shamanism, Volume One: A-M: Pratt, Christina: 9781404211407

Bock, N. (2005). Shamanic techniques: their use and effectiveness in the practice of psychotherapy. https://core.ac.uk/download/pdf/5066663.pdf

Dobkin de Ríos, M. (2002). What We Can Learn From Shamanic Healing: Brief Psychotherapy With Latino Immigrant Clients. American Journal of Public Health, 92(10), 1576–1581. https://www.ncbi.nlm.nih.gov/pmc/articles/PMC1447282/

Drake, M. (29 de marzo de 2012). Shamanic Drumming: Crafting a Shamanic Drum. Shamanic Drumming. https://shamanicdrumming.blogspot.com/2012/03/crafting-shamanic-drum.html

Gaia - Conscious Media, Streaming Yoga Videos & More. (sin fecha) Gaia Obtenido de https://www.gaia.com

Gates, D. (31 de mayo de 2011). 13 levels of shamanic dreaming. Dream Gates. https://www.beliefnet.com/columnists/dreamgates/2011/05/13-levels-of-shamanic-dreaming-2.html

Home. (24 de julio de 2018). https://www.roelcrabbe.com/

Cómo crear un sonajero de chamán. (sin fecha) Www.Beardrum.com. https://www.beardrum.com/rattleconstruction.html

Joseph, B. (sin fecha) ¿Qué es una rueda de medicina indígena? Www.Ictinc.Ca. https://www.ictinc.ca/blog/what-is-an-indigenous-medicine-wheel

Viaje a las cuatro direcciones: punteros en el trabajo sagrado y chamánico. (sin fecha). Byregion.Byregion.net. https://byregion.byregion.net/articles-healers/Shaman-Directions.html

—Viaje al Mundo Superior. (19 de mayo de 2020) Los cuatro vientos. https://thefourwinds.com/blog/shamanism/journey-upper-world/

Viaje por el mundo inferior. (Sin fecha). Viajes al alma. https://journeystothesoul.com/shamanic-journeys/lower-world-journey/

Mircea Eliade y Vilmos Diószegi. (2017). Chamanismo | religión. En Encyclopædia Britannica.

https://www.britannica.com/topic/shamanism

Monahan, JB (2018, 7 de agosto). Working with Your Power Animal. Medium.

https://medium.com/@jennifermonahan_28426/working-with-your-power-animal-a5d4cdf00e5a

Doctorado, DK (2019). Danzas con antepasados: la guía del chamán para involucrar a los ancestros. En Google Books. iUniverse. https://books.google.ro/books?id=JMzBDwAAQBAJ&lpg=PT23&ots=zVb06b4TTY&dq=shaman%20ancestors&pg=PT5#v=onepage&q=shaman%20ancestors&f=false

Canciones poderosas: ¿Dónde consigo las mías? por Shaman Elder Maggie Wahls / Shaman Portal. (sin fecha)

Shamanportal.org.

http://shamanportal.org/article_details.php?id=535

Herramientas chamánicas: tambores, sonajeros, flautas, bastones, incienso. (sin fecha) Www.Shamanism.Dk.

http://www.shamanism.dk/tools.htm

Shaman's Way: recursos chamánicos que incluyen artículos, podcasts, música de percusión gratuita y más sobre el chamanismo. (sin fecha) Camino del chamán. Obtenido de https://shamansway.net/

El viaje chamánico. Enlaces de chamanes. https://www.shamanlinks.net/shaman-info/about-shamanism/the-shamanic-journey/

El viaje chamánico: experiencias, orígenes y analogías. (Dakota del Norte). https://drrogerwalsh.com/wp-content/uploads/2011/02/The-shamanic-Journey-Experiences-Origins-and-Analogues.pdf

La Ofrenda Chamánica. (sin fecha).http://www.kondor.de/.
https://www.kondor.de/shaman/ancestors.html

¿Qué es un chamán? ¿cualquiera puede convertirse en uno? (2020, 27 de mayo).
Como funcionan las cosas.

https://people.howstuffworks.com/shaman.htm

¿Qué es una ceremonia chamánica de ayahuasca y por qué trabajar con un
chamán? (sin fecha) Acsauhaya.

https://acsauhaya.org/shamanic-ayahuasca-ceremony/